Anthony Robbins

Das Prinzip des geistigen Erfolgs

Der Schlüssel zum Power-Programm

*Aus dem Amerikanischen
von Thomas Görden*

**WILHELM HEYNE VERLAG
MÜNCHEN**

HEYNE BUSINESS
22/1053

Titel der amerikanischen Originalausgabe:
NOTES FROM A FRIEND
Erschienen 1991 bei Fireside, Simon & Schuster, New York

Dieser Titel ist auch in der Reihe Esoterisches Wissen
unter der Bandnummer 13/9703 lieferbar.

Besuchen Sie uns im Internet:
http://www.heyne.de

Umwelthinweis:
Dieses Buch wurde auf
chlor- und säurefreiem Papier gedruckt.

5. Auflage

Ungekürzte Taschenbuchausgabe
im Wilhelm Heyne Verlag GmbH & Co. KG, München
Copyright © 1991, 1995 by Anthony Robbins
Copyright © der deutschsprachigen Ausgabe 1997
by Wilhelm Heyne Verlag GmbH & Co. KG, München
Printed in Germany 2002
Umschlaggestaltung: Atelier Bachmann & Seidel, Reischach
Gesamtherstellung: Ebner & Spiegel, Ulm

ISBN 3-453-14836-3

INHALT

Über dieses Buch
9

Danke
11

Einleitung: Eine persönliche Geschichte
17

Erste Lektion: Wenn und alles über den Kopf zu wachsen scheint ... wie wir das Steuer herumreißen können
27

Zweite Lektion: Versagen gibt es nicht
35

Dritte Lektion: Der Entscheidungsstarke: Nichts kann ihn stoppen
39

Vierte Lektion: Einen starken Glauben aufbauen und ... loslegen!
53

Fünfte Lektion: Man bekommt was man sieht
61

Sechste Lektion: Fragen sind die Antwort
67

Siebte Lektion: Ihr Körper kann ihnen helfen,
glücklich zu sein
77

Achte Lektion: Das Vokabular des Erfolgs
85

Neunte Lektion: Stehen Sie »Mit dem Rücken
zur Wand«? Schaffen Sie den Durchbruch
mit einer neuen Methapher!
93

Zehnte Lektion: Die richtigen Ziele –
Fundament für eine glückliche Zukunft
99

Elfte Lektion: Die mentale Herausforderung –
ein Zehn-Tage-Programm
113

Willkommen in einer Welt des Mitgefühls
117

Epilog
121

Über den Autor
123

Über die Anthony Robbins Stiftung
125

Für all jene, die begriffen haben, daß die Liebe im Leben das größte Geschenk ist, und daß es die größte Freude ist, diese Liebe mit anderen zu teilen.

Ganz besonders für die Helfer und Mitarbeiter der Anthony Robbins Stiftung, deren unablässiges Bemühen das Leben vieler Menschen rettet, verbessert und verwandelt.

ÜBER DIESES BUCH

»Das Prinzip des geistigen Erfolgs« basiert auf den Ideen und Geschichten in Anthony Robbins' Bestsellern *Das Robbins Power Prinzip* und *Grenzenlose Energie* und wurde ursprünglich 1991 von der gemeinnützigen Anthony Robbins Stiftung veröffentlicht. Es soll all jenen eine Hilfe sein, die gerade »schwere Zeiten« durchmachen. Das Material aus den beiden umfangreicheren Büchern wurde zu diesem Zweck vereinfacht, so daß Sie im »Prinzip des geistigen Erfolges« Einsichten und Hilfe in Form weniger einfacher Schritte bietet, die sofort die Lebensqualität verbessern.

In Verbindung mit der Korb-Brigade der Stiftung wird dieses Buch kostenlos an bedürftige Familien und Einzelpersonen verteilt. Bei dieser jährlich in Kanada und den Vereinigten Staaten stattfindenden Aktion bringen am Thanksgiving-Festtag Freiwillige Lebensmittel, Kleidung und andere Dinge zu Bedürftigen.

Alle Autorentantiemen für diese Neuausgabe gehen an die Anthony Robbins Stiftung, um die Korb-Brigade und andere freiwillige Hilfsaktionen zu unterstützen. Auf den Seiten 125–128 in diesem Buch finden Sie weitere Informationen über die Stiftung.

DANKE!

Danke, daß Sie dieses Buch gekauft haben. Mit Ihrem Interesse daran, Ihr eigenes Leben zu verbessern, haben Sie bereits einen Beitrag dazu geleistet, das Leben anderer Menschen zu verbessern. Mit dem Kauf dieses Buches unterstützen Sie die Freiwilligenarbeit der Anthony Robbins Stiftung, die mehr als 150 000 bedürftigen Menschen in den Vereinigten Staaten und Kanada jedes Jahr Lebensmittel, Ausbildung und andere Hilfen zukommen läßt.

Ich schrieb dieses sehr einfach und leicht verständlich formulierte Buch vor Jahren für die jährlich an Thanksgiving, dem amerikanischen Erntedankfest, in Aktion tretende Korb-Brigade unserer Stiftung. Wie Sie auf den folgenden Seiten lesen können, ist dieses Fest mir sehr wichtig: Es ist nicht nur eine nationale Tradition, sondern auch ein ganz persönlicher Feiertag für mich. In dieser Zeit überkommt mich stärker als sonst ein Gefühl der Dankbarkeit für die Segnungen in meinem Leben, und daraus entsteht der Wunsch, diese Segnungen mit anderen zu teilen. Dieses Buch ist also genau das, was sein Titel verspricht: ein Brief eines Freundes. Es kann das ganze Jahr hindurch von jedem gelesen werden, der gerade ein bißchen Inspiration nötig hat durch jemanden, der es gut mit ihm meint. Es bietet Ermutigung für alle, deren Erinnerungen an die grundlegenden Wahrheiten des Lebens aufgefrischt werden müssen und die ein paar gute Anregungen gebrauchen können, wie sie besser mit den alltäglichen Herausforderungen fertigwerden.

Ironischerweise hat dieses einfache, kleine Buch die Tausenden von Freiwilligen, die es weitergeben, stets ebenso angesprochen wie die, denen es geschenkt wurde. Viele von ihnen wünschten sich ein eigenes Exemplar als ständige Erinnerung an die Grundprinzipien, deren Beachtung uns zu einem schöpferischen und schönen Leben verhilft. Darüberhinaus haben einige informelle Nachforschungen mir gezeigt, daß viele Leute meine umfassenderen Werke *Grenzenlose Energie* und *Das Robbins Power Prinzip* nie lesen, weil sie sich durch den Umfang dieser beiden Bücher (jeweils über 400 Seiten) eingeschüchtert fühlen.

Daher habe ich mich entschlossen, »Power des geistigen Erfolges« zu aktualisieren und für eine breitere Öffentlichkeit neu herauszubringen. Wenn Sie meine anderen Bücher bereits kennen, finden Sie hier möglicherweise wenig Neues. Dennoch scheint dieses Buch auf seine Leserinnen und Leser eine besondere Wirkung zu haben: Indem sie die bereits vertrauten Inhalte in dieser leicht lesbaren, einfachen Form noch einmal wiederholen, gewinnen sie eine neue Perspektive. Wenn Ihnen meine Arbeit neu ist, hoffe ich, daß dieses Buch für Sie eine unterhaltsame Einführung ist, und ich lege Ihnen ans

Herz, sich auch einmal die Quellen anzuschauen, aus denen »Prinzip des geistigen Erfolges« schöpft.

Wir vergessen leicht, daß keinem von uns schwere Zeiten erspart bleiben, Zeiten, in denen es uns vorkommt, als seien die Ereignisse und äußeren Umstände in unserem Leben stärker als wir selbst. Manchmal *fühlen* wir uns ganz einfach völlig am Boden zerstört. Plötzliche Arbeitslosigkeit kann zum Beispiel in uns schwere Verlustgefühle auslösen – selbst wenn wir immer noch unser Heim und unsere Familie haben. Die Herausforderungen, denen wir uns gegenübersehen, können so enorm erscheinen, daß wir darüber die Frustrationen der Menschen um uns herum ganz vergessen.

Wir sind nicht allein. Wenn wir ein wirklich erfolgreiches, befriedigendes Leben führen möchten, müssen wir lernen, die emotionalen Schwierigkeiten unserer Mitmenschen zu respektieren und zu verstehen. Dann werden wir viel dankbarer für das Gute in unserem eigenen Leben, selbst für unsere eigenen Schwierigkeiten. Letztlich besteht der einzige Weg, den vollen Reichtum des Lebens zu erfahren, darin, ein Gefühl der Dankbarkeit zu entwickeln: wertzuschätzen, was man hat, und was man geben kann. Der beste Weg zu eigenem Glück besteht darin, anderen dabei zu helfen, glücklich zu werden.

Wenn Sie dieses Buch lesen, haben Sie bereits etwas Wichtiges gegeben. Als »zahlendes Mitglied« der Korb-Brigade unterstützen Sie unsere Bemühungen, Menschen in Not mehr als nur etwas zu essen zu geben. »Prinzip des geistigen Erfolges« gibt Menschen gedankliche Nahrung.

Dieses kleine Buch zeigt Ihnen ihr Leben in einem neuen Licht und gibt Anregungen, wie sie es verändern und verbessern können.

Danke für Ihre Hilfe. Ich hoffe, dieses Buch ist für Sie nicht nur von unschätzbarem Wert bei der Steigerung Ihrer eigenen Lebensqualität, sondern inspiriert Sie auch dazu, etwas für andere zu tun.

Was würde geschehen, wenn Sie auf den folgenden Seiten lernen, wie Sie mit ein paar einfachen Schritten glücklicher und wohlhabender werden und buchstäblich jeden Bereich Ihres Lebens verbessern können?

EINLEITUNG
EINE PERSÖNLICHE GESCHICHTE

An einem Thanksgiving-Tag vor vielen Jahren erwachte eine junge Familie voller düsterer Vorahnungen. Statt sich auf einen Tag voller Dankbarkeit zu freuen, dachten sie an all das, was sie nicht hatten. Bestenfalls würden sie sich an diesem »Festtag« eine karge Mahlzeit zusammenkratzen können. Hätten sie sich an eine der örtlichen Wohlfahrtsorganisationen um Hilfe gewandt, wäre ihnen vermutlich ein Truthahn mitsamt Füllung geschenkt worden, aber das hatten sie nicht getan. Warum nicht? Weil sie, wie viele andere Familien, stolze Leute waren. Irgendwie würden sie mit dem zurechtkommen, was sie selbst hatten.

Die schwierige Situation führte zu Frustration und Hoffnungslosigkeit, dann zu unversöhnlichen, harten Worten zwischen Mutter und Vater. Niedergeschlagen und hilflos mußte der älteste Sohn mitansehen, wie die beiden Menschen, die er am meisten liebte, immer wütender und deprimierter wurden.

Dann griff das Schicksal ein ... laut und unerwartet wurde an die Tür geklopft! Der Junge öffnete, und draußen stand ein großer Mann in zerknitterter Kleidung. Er grinste breit und trug einen riesigen Korb, bis zum Rand gefüllt mit allen erdenklichen Thanksgiving-Freuden: einem Truthahn, der dazugehörigen Füllung, Kuchen, Süßkartoffeln und anderen Köstlichkeiten – alles, was man für ein richtiges Festessen braucht!

Die Familie war völlig verblüfft. Der Mann an der Tür sagte: »Das ist von jemandem, der weiß, daß Sie in Not sind. Sie sollen wissen, daß man Sie liebt und sich um Sie sorgt.« Zuerst wollte der Familienvater den Korb nicht annehmen, aber der Mann sagte: »Hören Sie, ich liefere die Sachen nur aus.« Lächelnd legte er den Korb dem Jungen in die Arme, drehte sich um und rief beim Davongehen über die Schulter: »Ich wünsche Ihnen ein schönes Erntedankfest!«

In diesem Augenblick änderte sich das Leben des Jungen für immer. Durch diesen einfachen Akt der Freundlichkeit lernte er, daß die Hoffnung ewig ist, daß den Menschen – sogar »Fremden« – das Schicksal der anderen nicht gleichgültig ist. Das löste in ihm tiefe Dankbarkeit aus. Er war sehr bewegt und schwor sich, daß er eines Tages auf ähnliche Weise anderen Menschen etwas zurückgeben würde. Und als er achtzehn Jahre alt wurde, begann er damit, dieses Versprechen zu erfüllen. Trotz seiner geringen Einkünfte ging er hin und kaufte Lebensmittel nicht für sich selbst, sondern für zwei Familien, von denen er wußte, daß sie dringend etwas zu essen benötigten. In alten Jeans und einem T-Shirt fuhr er mit den Sachen zu ihnen, in der Absicht, so zu tun, als sei er lediglich der Auslieferfahrer. Im ersten der baufälligen Häuser wurde ihm von einer mexikanischen Einwanderin geöffnet, die ihn mißtrauisch anschaute. Sie hatte sechs

Kinder, und ihr Mann hatte die Familie erst vor wenigen Tagen im Stich gelassen. Sie hatten nichts zu essen.

Der junge Mann sagte: »Ich habe eine Lieferung für Sie, Ma'am.«

Dann ging er zu seinem Wagen und trug Tüten und Kartons voller Lebensmittel herein: einen Truthahn, die Füllung dafür, Kuchen, Süßkartoffeln und andere Köstlichkeiten. Der Frau blieb der Mund offenstehen. Die Kindern stießen, als sie das viele Essen sahen, Freudenschreie aus.

Die junge Mutter, die nur gebrochen Englisch sprach, faßte den jungen Mann am Arm, überschüttete ihn mit Küssen und sagte: »Du bist Geschenk Gottes! Du bist Geschenk Gottes!«

»Nein, nein«, sagte der junge Mann. »Ich bin nur der Auslieferfahrer. Dieses Geschenk ist von einem Freund.« Dann gab er ihr einen Brief, in dem stand:

> »Dieser Brief ist von einem Freund. Feiern Sie bitte ein wunderschönes Thanksgiving-Fest – Sie und Ihre Familie haben das verdient. Seien Sie sich bewußt, daß man Sie liebt. Und eines Tages, wenn Sie Gelegenheit dazu haben und es Ihnen besser geht, können Sie das gleiche für jemand anderen tun und so das Geschenk weitergeben.«

Der junge Mann trug weitere Tüten voller Lebensmittel herein. Die Gesichter der Familie glühten vor Aufregung, Freude und Liebe. Als er wieder aufbrach, war der junge

Mann von dem erlebten Gefühl der Verbundenheit und des Schenkens zu Tränen gerührt. Im Rückspiegel seines Autos sah er die lächelnden Gesichter der Familie, der zu helfen er das Privileg gehabt hatte, und dachte daran, daß der Kreis seiner Geschichte sich geschlossen hatte. Der »schreckliche Tag« in seiner Jugend war tatsächlich ein Geschenk Gottes gewesen, das ihn auf den richtigen Weg geführt hatte, hin zu einem Leben, das ganz dem Geben und Schenken gewidmet war. Mit dieser Handlung begann für ihn eine Mission, die bis zum heutigen Tag andauert: das Geschenk weiterzugeben, das ihm und seiner Familie einmal gegeben wurde, und die Leute daran zu erinnern, daß es immer einen Weg gibt, die Dinge zum Besseren zu verändern. Daß man sie liebt und daß sie – mit einfachen Schritten, ein wenig Einsicht und energischem Handeln – jede Herausforderung in eine wertvolle Lektion und eine Gelegenheit für persönliches Wachstum und dauerhaftes Glück verwandeln können.

Warum weiß ich so viel über diesen jungen Mann und seine Familie? Weil ich selbst dieser Mann bin.

Ich habe dieses Buch geschrieben, weil ich Sie wissen lassen möchte, daß es jemanden gibt, der sich um Sie sorgt. Sie sollen wissen, daß Sie, wie niederdrückend und entmutigend ihre momentane Situation auch sein mag, Ihr Schicksal wirklich zum Besseren wenden können. Sie können die Träume, die Sie einmal hatten, Wirklichkeit werden lassen. Wie? Indem Sie eine Kraft anzapfen, die in Ihnen vorhanden ist, jetzt, im Moment, wenn Sie diese Worte lesen. Diese Kraft kann Ihr Leben buchstäblich in

Alles, was Sie tun müssen, ist, diese Kraft freisetzen.

Sekundenschnelle verändern. **Alles, was Sie dafür tun müssen, ist, sie freisetzen.**

Warum kann ich das mit solcher Überzeugung zu Ihnen sagen? Ganz einfach weil ich selbst diese Kraft benutzt habe, um mein eigenes Leben massiv zu verändern. Vor kaum mehr als zehn Jahren kämpfte ich mich völlig frustriert und fast ganz ohne Hoffnung durchs Leben. Ich hauste in einem engen 37-Quadratmeter-Junggesellen-

Apartment in Venice, Kalifornien. Ich war einsam, fühlte mich miserabel und hatte 35 Pfund Übergewicht. Ich hatte keine Ahnung, wie es mit mir weitergehen sollte. Ich hielt mich für einen ewigen Verlierer und glaubte, daß daran nichts zu ändern sei. Ich war völlig bankrott, finanziell und emotional. Ich war ohne Hoffnung, fühlte mich hilflos und besiegt.

Doch heute kann ich Ihnen berichten, daß ich das alles in weniger als einem Jahr änderte. Ich nahm in weniger als 30 Tagen 30 Pfund ab. Und ich hielt von da an mein Gewicht, weil ich nicht einfach nur eine Diät anfing, sondern meine ganze geistige Einstellung veränderte. Ich trainierte, bis mein Körper sich in Topform befand. Ich entwickelte das Vertrauen, daß nötig war, um die harten Zeiten durchzustehen und die Ziele, von denen ich träumte, auch wirklich zu erreichen. Mein Geheimnis bestand daran, mich auf die Bedürfnisse von anderen Menschen zu konzentrieren. Ständig stellte ich mir die Frage: »Wie kann ich dem Leben anderer Menschen etwas Wertvolles hinzufügen?« Durch diesen gedanklichen Prozeß entwickelte ich Führungsqualitäten. Ich erkannte schon früh, daß ich anderen nur helfen konnte, sich zu ändern, wenn ich zunächst einmal mich selbst änderte. Ich entdeckte, daß das Geheimnis des Lebens Geben ist, aber um geben zu können, mußte ich selbst ein besserer Mensch werden. Während ich selbst mehr wurde, zog ich die Frau meiner Träume an, heiratete sie und wurde Vater. In weniger als einem Jahr erwirtschaftete ich, der ich bis dahin von der Hand in den Mund gelebt hatte, ein Einkommen von einer

Million Dollar. Ich zog aus meinem heruntergekommenen Apartment in mein jetziges Heim: ein 930-Quadratmeter-Schloß mit Blick auf den Pazifik.

Doch damit hörte ich nicht auf. Sobald ich bewiesen hatte, daß ich mir selbst helfen konnte, richtete ich meine Aufmerksamkeit sofort darauf, auf bestmögliche Weise anderen zu helfen. Ich suchte nach Vorbildern, nach Menschen, die blitzschnell Veränderungen zum Besseren in anderen bewirken konnten. Diese Meister ihres Fachs gehörten zu den besten Lehrern und Therapeuten der Welt. Sie waren in der Lage, Leuten in ein oder zwei Sitzungen bei ihren Problemen zu helfen, statt sie über ein, zwei oder noch mehr Jahre zu behandeln. Wie ein Schwamm lernte ich, so viel ich konnte, und wandte das, was sie mir beibrachten, sofort an. Ich begann, eine Reihe eigener Strategien und Methoden zu entwickeln.

Diese Methoden erwiesen sich als so erfolgreich, daß ich seither mit über einer Million Menschen aus zweiundvierzig Nationen gearbeitet habe und ihnen »Werkzeuge« und ein Training anbot, mit dessen Hilfe sie ihr Leben grundlegend verändern können. Dieses unglaubliche Privileg, diese Chance, meine Arbeit mit anderen teilen zu dürfen, führte zu Begegnungen mit einer wunderbaren Vielfalt unterschiedlicher Menschen, von Fabrikarbeitern im Blaumann bis zu blaublütigen Mitgliedern königlicher Familien auf der ganzen Welt, von Staatspräsidenten zu Konzernchefs, von Filmstars zu Profisportlern, von Müttern und Ärzten zu Kindern und Obdachlosen. Und mit meinen Büchern, Kassetten, Seminaren und Fernsehsendungen habe ich tatsächlich mehrere Zehnmillionen Menschen erreicht. Stets verfolgte ich das Ziel, den Menschen dabei zu helfen, die Kontrolle über ihr Leben zu erlangen und ihre Lebensqualität unmittelbar zu verbessern.

Ich erzähle Ihnen das nicht, um bei Ihnen Eindruck zu schinden, sondern um Ihnen einen Eindruck davon zu vermitteln, wie schnell sich Dinge verändern können. Haben wir einmal erkannt, was unser Denken, Fühlen und Verhalten bestimmt, ist nur noch konsequentes, intelligentes und energisches Handeln nötig, um eine Veränderung herbeizuführen. In diesem Buch stelle ich Ihnen meine Erfahrung als Trainer zur Verfügung. Lernen Sie, wie Sie jede ersehnte Veränderung in Ihrem Leben herbeiführen können.

Positives Denken allein genügt nicht

Wir alle haben Träume, nicht wahr? Wir alle möchten glauben, daß wir etwas Besonderes sind, daß wir in unserem Leben etwas Außergewöhnliches bewirken, unsere Familie, unsere Freunde und andere Menschen auf eine besondere Weise beeindrucken können. Es gab eine Zeit in unserem Leben, da hatten wir eine Idee davon, was wir wirklich wollten und was uns wirklich gebührte.

Doch viel zu viele Menschen vergessen angesichts der Herausforderungen des Lebens ihre Träume. Sie schieben ihre Sehnsüchte beiseite und vergessen, daß sie die Macht haben, ihre Zukunft selbst zu gestalten. Dann verlieren sie ihr Vertrauen und ihre Hoffnung. Es ist mein Lebensziel, die Menschen daran zu erinnern – Menschen wie Sie und ich – daß die Macht, alles zu verändern, in jedem von uns schlummert. **Wir können diese Macht aufwecken und unseren Träumen wieder Leben einhauchen,** *und zwar gleich heute!* In diesem Buch finden Sie einige einfache Werkzeuge, die Ihnen dabei eine echte Hilfe sein können.

Natürlich ist positives Denken ein großartiger Anfang. Sicher möchten Sie sich darauf konzentrieren, wie Sie die Dinge zum Besseren verändern können – auf *Lösungen* – statt nur daran zu denken, was in Ihrem Leben »falsch« läuft. **Aber positives Denken allein genügt nicht, um in Ihrem Leben das Steuer herumzureißen.** Sie brauchen außerdem ein paar Strategien, einen Schritt-für-Schritt-Plan, um verändern zu können, was Sie denken, wie Sie sich fühlen und was Sie tun, und zwar an *jedem einzelnen Tag ihres Lebens.*

Ist es nicht so, daß wir alle etwas in unserem Leben ändern oder verbessern möchten? Fast alle Veränderungen, die wir anstreben, fallen unter eine der zwei folgenden Kategorien: Entweder möchten wir die Art ändern, wie wir uns *fühlen* (wir wünschen uns mehr Selbstvertrauen, wir wollen unsere Ängste überwinden, uns von Frustrationen befreien, uns besser fühlen in bezug auf Dinge, die in der Vergangenheit geschehen sind), oder wir wollen unser *Handeln* verändern (uns andere Verhaltensweisen zulegen, zum Beispiel das Rauchen oder Trinken aufgeben, oder unsere Zeit besser nutzen). Es gibt jedoch ein großes Problem: Alle Menschen wünschen sich solche positiven Veränderungen, *aber nur sehr wenige wissen, wie man sie tatsächlich herbeiführt – und dafür sorgt, daß sie von Dauer sind.*

Mit diesem Buch möchte ich Ihnen helfen, sich in Richtung auf dauerhafte positive Veränderungen zu bewegen. Ich kann Ihnen nicht versprechen, daß ein so kleines Buch in Ihrem Leben Wunder vollbringen wird. Aber ich kann Ihnen versprechen, daß Sie selbst die völlige Kontrolle übernehmen und Ihre Lebensqualität verbessern können, wenn Sie einige einfache Empfehlungen befolgen, die Sie auf den folgenden Seiten kennenlernen werden. Mit der Anwendung dieser Schritte werden Sie auch Ihrer Familie und Ihren Freunden wirkungsvoll helfen können.

Damit das für Sie funktioniert, und zwar jetzt gleich, müssen Sie nur eines tun: daran glauben, daß Veränderung möglich ist. Die Vergangenheit spielt keine Rolle. Was auch immer in der Vergangenheit nicht funktioniert haben mag, jetzt kommt es darauf an, was Sie heute tun. Das, was Sie *jetzt* tun, entscheidet über Ihre Zukunft. Und jetzt, heute, müssen Sie sich selbst ein guter Freund sein. Statt sich selbst wegen Dingen »fertigzumachen«, die früher einmal geschehen sind, müssen Sie sich sofort auf Lösungen, anstatt auf Probleme konzentrieren.

Sind Sie bereit, sich auf die Reise zu begeben? Dann können wir aufbrechen. Beginnen wir, unser Leben zu verändern, indem wir erkennen, was wir tun müssen ...

ERSTE LEKTION
WENN UNS ALLES ÜBER DEN KOPF ZU WACHSEN SCHEINT ...
WIE WIR DAS STEUER HERUMREISSEN KÖNNEN

Oft im Leben geschehen Dinge, über die wir keine Kontrolle haben. Die Firma, für die wir arbeiten, »rationalisiert« und wir werden entlassen. Unser Partner oder unsere Partnerin verläßt uns. Ein Mitglied der Familie wird krank, oder jemand, der uns nahesteht, stirbt. Die Regierung streicht ein Programm, von dem wir abhängig waren. In solchen Situationen haben wir manchmal das Gefühl, wir könnten gar nichts tun, um die Dinge zum Besseren zu wenden.

Vielleicht haben Sie es auch schon erlebt, daß Sie alles Erdenkliche versuchten, eine neue Arbeit zu bekommen, Ihrer Familie zu helfen, Ihren Seelengefährten zu finden, oder sich ganz einfach nur glücklicher zu fühlen. Doch nichts davon schien zu funktionieren. Wenn wir einen neuen Weg ausprobieren, unser Bestes geben und dennoch unser Ziel nicht erreichen, haben wir anschließend oft Angst, es noch einmal zu versuchen. Warum? Weil wir alle bestrebt sind, Schmerz zu vermeiden! Und niemand möchte ein zweites Mal versagen. Niemand möchte alles geben, nur um dann enttäuscht zu werden. Oft, nach vielen solcher enttäuschenden Erfahrungen, geben wir alle weiteren Versuche auf! Wir kommen an einen Punkt, an dem wir glauben, daß *nichts* funktioniert.

Wenn Sie sich an diesem Punkt befinden, wo Sie es erst gar nicht mehr versuchen, haben Sie sich in einen Zustand »erlernter Hilflosigkeit« versetzt. Sie haben buchstäblich gelernt – oder es sich selbst beigebracht – daß Sie »hilflos« sind.

Doch glücklicherweise befinden Sie sich da im Irrtum. Sie können selbst etwas bewirken! Sie können noch heute alles in Ihrem Leben verändern, indem Sie Ihre Wahrnehmung ändern und Ihr Verhalten ändern.

> *»Ich bin nicht entmutigt, denn jeder Fehlschlag ist ein weiterer Schritt vorwärts.«*
> Thomas Edison

Der erste Schritt zu einem anderen Leben besteht darin, sich von dem negativen Glauben zu befreien, daß Sie nichts tun können oder daß Sie hilflos sind. Wie schafft man das? Oft sagen Leute, Sie könnten nichts ändern, weil Sie in der Vergangenheit Dinge ausprobiert haben, die nicht funktionierten. Aber denken Sie daran – IHRE VERGANGENHEIT IST NICHT IHRE ZUKUNFT. Es kommt nicht darauf an, was Sie gestern getan haben, sondern darauf, was Sie *jetzt in diesem Moment* tun. Viel zu viele Leute schauen in den Rückspiegel, während sie ihren Wagen in die Zukunft lenken! Wenn Sie das tun, bauen Sie garantiert einen Unfall. Stattdessen müssen Sie sich auf das konzentrieren, was Sie heute tun können, um Ihre Lebensumstände zu verbessern.

Ausdauer zahlt sich aus

Viele Leute sagen zu mir: »Ich habe *Millionen* verschiedene Wege ausprobiert, Erfolg zu haben, und nichts davon hat funktioniert.« Oder: »Ich habe ein paar *tausend* Wege ausprobiert!« Denken Sie darüber nach. Vermutlich haben diese Leute noch nicht einmal ein paar hundert Wege ausprobiert, oder wenigstens ein paar dutzend. Die meisten Menschen versuchen vielleicht acht, neun, zehn Methoden, eine Veränderung herbeizuführen, und wenn keine davon funktioniert, geben sie auf.

Der Schlüssel zum Erfolg liegt darin, zu entscheiden, was Ihnen am wichtigsten ist, und dann Tag für Tag entschlossen darauf hinzuarbeiten, auch wenn es anfangs nicht zu funktionieren scheint.

Ich werde Ihnen ein Beispiel geben. Haben Sie je von einem Menschen namens Colonel Sanders gehört? Natürlich haben Sie das. (*Anm. d. Übers.:* Der Gründer der amerikanischen Restaurantkette »Kentucky Fried Chicken.«) Wie hat es Colonel Sanders geschafft, so unglaublich erfolgreich zu sein? Hat er als junger Mann ein Vermögen geerbt? War seine Familie reich? Haben sie ihn auf eine Top-Universität wie Harvard geschickt? Vielleicht ist die Erklärung für seinen Erfolg, daß er sein Unternehmen gründete, als er noch sehr jung war. Trifft irgendetwas davon zu?

Die Antwort ist nein. Colonel Sanders erfüllte sich seinen Traum erst, als er bereits 65 Jahre alt war! Was veranlaßte ihn, endlich aktiv zu werden? Er war pleite und allein. Zum erstenmal in seinem Leben hatte er einen Sozialhilfe-Scheck bekommen, 105 Dollar, und das trieb ihn an den Rand der Verzweiflung. Doch statt der Gesellschaft die Schuld zu geben oder einfach nur dem Kongreß einen bösen Brief zu schreiben, fragte er sich: **»Was könnte ich tun, das für andere Menschen von Wert ist? Was könnte ich ihnen geben?«** Er begann darüber nachzudenken, ob er etwas besaß, das für andere von Nutzen sein konnte.

Seine erste Antwort lautete: »Nun, ich habe dieses Hähnchenrezept, das offenbar alle Leute lieben. Wie wäre es, wenn ich mein Hähnchenrezept an Restaurants verkaufe? Könnte ich damit Geld verdienen?« Dann dachte er sofort: »Das ist lächerlich. Davon, daß ich dieses Rezept verkaufe, werde ich wohl kaum meine Miete bezahlen können.« Und er hatte eine neue Idee: »Wie wäre es, wenn ich ihnen nicht nur mein Rezept verkaufe, sondern ihnen auch noch zeige, wie sie die Hähnchen richtig zubereiten? Und wenn die Hähnchen so gut sind, daß sich dadurch ihr Umsatz erhöht? Wenn ihre Restaurants dadurch besser besucht werden und der Hähnchenumsatz steigt, würden sie mir vielleicht Prozente dieses Umsatzzuwachses abgeben.«

Viele Leute haben tolle Ideen. Aber Colonel Sanders war anders. Er war ein Mann, der nicht nur tolle Ideen im Kopf hatte. *Er setzte sie auch in die Tat um.* Er machte sich auf, zog von Restaurant zu Restaurant und erzählte jedem Restaurantbesitzer seine Geschichte: »Ich habe da ein großartiges Hähnchenrezept, und wenn Sie es benutzen, würde dadurch bestimmt Ihr Umsatz steigen. Und ich bekäme gerne Prozente von dieser Umsatzsteigerung.«

Nun, viele Leute lachten ihm ins Gesicht. Sie sagten: »Hör mal, alter Knabe, mach, daß du weiterkommst. Wozu trägst du diesen albernen Anzug?« Gab Colonel Sanders auf? Absolut nicht. Er besaß den wichtigsten Schlüssel zum Erfolg; ich nenne ihn persönliche Power. **Persönliche Power bedeutet, hartnäckig und ausdauernd zu handeln: Jedesmal wenn Sie etwas tun, lernen Sie daraus und finden einen Weg, es beim nächsten Mal besser zu machen.** Colonel Sanders machte ganz bestimmt Gebrauch von seiner persönlichen Power! Statt sich schlecht zu fühlen, weil wieder ein Restaurant seinen Vorschlag zurückgewiesen hatte, konzentrierte er sich lieber darauf, seine Geschichte beim nächsten Mal wirkungsvoller vorzubringen und im nächsten Restaurant ein besseres Ergebnis zu erzielen.

Was glauben Sie, wie oft bekam Colonel Sanders ein Nein zu hören, ehe er endlich die gewünschte Antwort erhielt? **Er wurde 1009 mal abgewiesen, ehe er sein erstes Ja hörte.** *Zwei Jahre* verbrachte er damit, in seinem alten, verbeulten Wagen durch Amerika zu fahren, schlief in seinem zerknitterten weißen Anzug auf dem Rücksitz und hatte doch jeden Tag aufs Neue den Mut, für seine Idee zu werben. Oft bestand seine einzige Mahlzeit aus einem kleinen Bissen von den Kostproben, die er für mögliche Käufer zubereitete. Was glauben Sie, wieviele Menschen wohl 1009 Neins akzeptieren – zwei Jahre hindurch ein Nein nach dem anderen – und trotzdem nicht aufgegeben würden? Sehr wenige. Deswegen gibt es auch nur einen Colonel Sanders. Ich vermute, die meisten Leute würden schon nach zwanzig Neins aufgeben, und nicht erst nach hundert oder tausend! Doch genau diese Ausdauer ist manchmal nötig, um Erfolg zu haben.

Wenn Sie sich die erfolgreichsten Leute der Menschheitsgeschichte anschauen, werden Sie immer wieder auf eine gemeinsame Charaktereigenschaft stoßen: Sie ließen sich nicht abspeisen. Sie akzeptierten kein Nein. Sie ließen sich durch nichts davon abbringen, ihre Vision, ihr Ziel zu verwirklichen. Wußten Sie, daß Walt Disney 302 Absagen erhielt, ehe er Geldgeber für seinen Traum fand, »den glücklichsten Ort auf der Welt« zu schaffen? Alle Banken hielten ihn für verrückt. Er war nicht verrückt; er war ein Visionär und, noch wichtiger, er besaß die Entschlossenheit, seine Vision in die Tat umzusetzen. Heute haben schon Millionen Menschen Disneyland und Disneyworld besucht, die »Freude Disneys« erlebt, eine unvergleichliche Welt, die es nur gibt, weil ein einzelner Mann entschlossen seine Vision verwirklichte.

Als ich noch in meinem engen Apartment hauste und mein Geschirr in der Badewanne spülte, mußte ich mir immer wieder diese Erfolgs-Stories ins Gedächtnis rufen. Ich mußte mich immer wieder daran erinnern, daß **KEIN PROBLEM VON DAUER IST. KEIN PROBLEM BEEINTRÄCHTIGT MEIN GANZES LEBEN. ICH WERDE JEDES PROBLEM ÜBERWINDEN, WENN ICH ENTSCHLOSSEN, POSITIV UND KONSTRUKTIV HANDLE.** Immer wieder sagte ich mir: »Auch wenn mein Leben im Moment furchtbar zu sein scheint, gibt es doch viele Dinge, für die ich dankbar sein kann: die beiden Freunde, die ich habe, die Tatsache, daß ich alle meine fünf Sinne beisammen habe, oder daß ich frische Luft atmen kann.« Ständig erinnerte ich mich daran, mich auf das zu konzentrieren, was ich mir wünschte, mich auf *Lösungen,* statt auf Probleme zu konzentrieren. Und ich machte mir klar, daß kein Problem imstande ist, mein ganzes Leben zu beherrschen, auch wenn es vorübergehend so ausschauen mag.

Ich beschloß, nicht länger zu glauben, mein ganzes Leben sei ein Fehlschlag, nur weil ich in finanziellen Schwierigkeiten steckte oder in emotionaler Hinsicht frustriert war. Ich sagte mir, daß mit mir alles in Ordnung war, daß ich mich lediglich in einer »vorübergehenden Krise« befand. Mit anderen Worten, wenn ich die Samen, die ich ausgesät hatte – indem ich heute das richtige tat – gut wässerte, würde ich es aus diesem Winter meines Lebens in den Frühling schaffen und dann die Ernte meiner jahrelangen scheinbar fruchtlosen Anstrengungen einfahren. Auch erkannte ich, daß es verrückt war, auf andere, bessere Resultate zu hoffen, wenn man immer wieder dieselben alten Rezepte verwendete. Ich mußte etwas Neues ausprobieren, und ich durfte mich nicht unterkriegen lassen, sonst würde ich die richtigen Antworten nie finden.

Meine Botschaft an Sie ist simpel, und tief im Herzen wissen Sie, daß sie wahr ist: **Bei der Verfolgung Ihrer Ziele wird Ihnen entschlossenes, ausdauerndes Handeln, gepaart mit einem gesunden Sinn für Flexibilität schließlich zu dem verhelfen, was Sie wollen. Aber Sie**

müssen sich völlig von dem Gefühl befreien, es gäbe keine Lösung. Sie müssen sich sofort auf das konzentrieren, was Sie heute tun können, auch wenn es sich nur um kleine Schritte handelt.

Das klingt vernünftig, nicht wahr? Warum befolgen also nicht mehr Menschen den Rat der Nike-Werbung: Just do it – Tu es einfach? Weil sie sich durch die Angst, zu versagen, selbst blockieren. Aber ich habe etwas Wunderbares über das Versagen herausgefunden. ...

Zweite Lektion
Versagen gibt es nicht

Es ist jetzt für Sie der Zeitpunkt gekommen, eine *Entscheidung* zu treffen. Geben Sie sich jetzt gleich selbst das Versprechen, daß Sie nie wieder in Depressionen schwelgen und sich für einen Versager halten werden. Das bedeutet nicht, daß Sie unrealistisch in bezug auf die vor Ihnen liegenden Herausforderungen sein sollen. Es bedeutet lediglich, daß Gefühle der Depression und des Versagens Sie davon abhalten, das Nötige zu tun, um Ihr Leben zu ändern. Auch wenn Ihre augenblickliche Situation unmöglich erscheint, können Sie das Blatt trotzdem wenden. Sehen Sie, wir alle haben Probleme, erleben Enttäuschungen und Ärger, doch es kommt allein darauf an, wie wir mit unseren Rückschlägen umgehen. Das beeinflußt unser Leben mehr als alles andere.

Lassen Sie mich Ihnen ein bemerkenswertes Beispiel für die Wirkungsweise dieses Prinzip geben: Vor vielen Jahren hatte ein junger Mann den Wunsch, ein berühmter Musiker zu werden. Also verließ er die Schule und zog in die Stadt. Für einen High-School-Abbrecher ohne jede Erfahrung war es ziemlich schwer, einen Job zu finden. Er spielte Klavier und sang in den schäbigsten Bars, schenkte seine Musik, sein ein und alles, Leuten, die so betrunken waren, daß sie von seiner Anwesenheit überhaupt keine Notiz nahmen. Können Sie sich vorstellen, wie frustriert und gedemütigt er sich dabei gefühlt haben muß? Er war deprimiert und am Boden zerstört. Er hatte kein Geld, daher schlief er in Waschsalons. Das einzige, was ihn aufrechterhielt, war die Liebe seiner Freundin, einer Frau, die für ihn die schönste auf der ganzen Welt war.

Doch eines Tages verließ sie ihn – und er hatte das Gefühl, sein Leben sei vorüber. Er beschloß, Selbstmord zu begehen. Zuvor machte er aber doch noch einen letzten Versuch, sich helfen zu lassen, und ging in eine Nervenklinik. In dieser Klinik änderte sich sein Leben – nicht weil er in der Klinik »geheilt« wurde, sondern weil er entsetzt erkannte, wie elend es den anderen Menschen dort ging! Er erkannte, daß er selbst im Grunde keine *wirklichen* Probleme hatte. An diesem Tag schwor er sich, niemals wieder in einen derartigen Zustand abzurutschen. Er würde so hart arbeiten, wie es nötig war, so lange, wie es nötig war, um schließlich als Musiker Erfolg zu haben. Denn er war sicher, daß er das Zeug dazu hatte. **Kein Mensch, keine Enttäuschung war es wert, Selbstmord zu begehen. Das Leben ist es immer wert, gelebt zu werden. Es gibt immer etwas, wofür man dankbar sein kann.**

Also gab er nicht auf, sondern machte weiter. Die Erfolge stellten sich nicht über Nacht ein, doch eines Tages waren sie da. Heute kennt man seine Musik auf der ganzen Welt. Sein Name ist Billy Joel.

Sie und ich, wir alle, müssen uns immer wieder daran

erinnern: **GOTT IST NIEMALS GEGEN UNS, ABER OFT FORDERT ER VON UNS GEDULD UND AUSDAUER.** Es gibt kein Versagen. Wenn Sie etwas versuchen, das nicht funktioniert, und daraus lernen, wie Sie es beim nächstenmal besser machen können, dann war der vermeintliche Fehlschlag ein Erfolg.

Es gibt einen Spruch, der mir in meinem Leben immer wieder sehr geholfen hat:

ERFOLG IST DAS ERGEBNIS RICHTIGER ENTSCHEIDUNGEN.

RICHTIGE ENTSCHEIDUNGEN SIND DAS ERGEBNIS VON ERFAHRUNG.

ERFAHRUNG IST DAS ERGEBNIS FALSCHER ENTSCHEIDUNGEN.

Vergessen Sie das nie! Wenn wir uns bemühen, immer besser zu werden und aus unseren »Fehlern« zu lernen, dann wird sich der Erfolg einstellen. Schauen wir uns nun einmal genauer an, was uns überhaupt dazu veranlaßt, aktiv zu werden. ...

DRITTE LEKTION
DER ENTSCHEIDUNGSSTARKE:
NICHTS KANN IHN STOPPEN

In diesem kleinen Buch sage ich Ihnen immer wieder, daß es eine Kraft gibt, mit der Sie jeden Bereich Ihres Lebens verändern können. Und wo ist sie nun, diese Kraft? Wie können wir sie anzapfen? Wir alle wissen, daß wir nur dann neue Resultate erzielen, wenn wir auch auf neue Weise handeln. Doch wir müssen uns klarmachen, daß jeder unserer Handlungen stets eine Entscheidung vorausgeht: **die Kraft, sich zu entscheiden, ist die Kraft, die alles verändert.** Wie schon gesagt, können wir nicht alle Ereignisse in unserem Leben kontrollieren, aber wir können kontrollieren, was wir in bezug auf diese Ereignisse denken, glauben, fühlen und unternehmen. Wir müssen daran denken, daß in jedem Augenblick unseres Lebens, ob wir das nun zugeben oder nicht, völlig neue Wahlmöglichkeiten und Aktivitäten nur ein oder zwei Entscheidungen weit weg auf uns warten. Die meisten von uns vergessen, daß wir frei wählen können. ES SIND UNSERE ENTSCHEIDUNGEN, NICHT UNSERE LEBENSUMSTÄNDE, DIE UNSER SCHICKSAL BESTIMMEN. Wie Sie heute leben ist das Resultat Ihrer bisherigen Entscheidungen: mit wem Sie Ihre Zeit verbringen, was Sie gelernt, oder nicht gelernt haben, woran Sie glauben, ob Sie durchhalten oder aufgeben, ob Sie verheiratet sind und Kinder haben, was Sie essen, ob Sie rauchen oder trinken, was Sie von sich selbst denken und sich zutrauen – alle diese Entscheidungen haben Ihr Leben beherrscht und gelenkt. Wenn wir unser Leben ernsthaft verändern wollen, müssen wir ein paar neue Entscheidungen treffen, neu entscheiden, wofür wir stehen, was wir in Zukunft tun wollen ... und wofür wir uns *engagieren* wollen.

Wenn ich das Wort *Entscheidung* benutze, dann meine ich damit eine echte und bewußt getroffene Wahl. Die meisten Leute sagen: »Nun ja, ich entschied mich dafür, ein bißchen abzunehmen.« Aber das ist zu allgemein, nicht spezifisch genug. Sie äußern damit nur eine Vorliebe; mit anderen Worten, sie sagen: »Ich *wäre* gerne dünner.« Eine wirkliche Entscheidung besteht darin, jede andere Möglichkeit auszuschließen, sich völlig auf das zu konzentrieren, wofür Sie sich entschieden haben, nicht zurückzuschauen und die Alternative des Aufgebens überhaupt nicht in Betracht zu ziehen.

Ich möchte Ihnen nun ein Beispiel geben für einen Mann, der begriffen hatte, wie wirkungsvoll echte Entscheidungen sein können. Es handelt sich um jemanden, der nicht aufgab, wenn er sich einmal zu etwas entschlossen hatte. Sein Name ist Soichiro Honda: Er gründete die Honda Motor Corporation, den bekannten Hersteller der Honda-Autos und -Motorräder. Mr. Honda ließ es niemals zu, daß Tragödien, Probleme, Herausforderungen oder das Auf und Ab der äußeren Umstände ihm den Weg verstellten. **Im Gegenteil, er betrachtete selbst die größten Hindernisse lediglich als Hürden, die es auf dem Weg zum Ziel zu überspringen galt.**

1938 war Mr. Honda ein armer Student, der davon träumte, einen Kolbenring zu konstruieren, den er dann an die Toyota Motor Corporation verkaufen und für sie produzieren wollte. Tagsüber ging er zur Schule, und die ganze Nacht hindurch arbeitete er mit ölverschmierten Armen an seiner Konstruktion. Als das wenige Geld, das er besaß, aufgebraucht und sein Projekt immer noch nicht abgeschlossen war, versetzte er die Juwelen seiner Frau, um weitermachen zu können.

Nach jahrelangen Mühen hatte er endlich einen Kolbenring konstruiert, von dem er glaubte, Toyota würde ihn ihm abkaufen. Als er ihn ihnen anbot, lehnten sie ab. Er wurde zurück zur Universität geschickt und mußte dort den Spott seiner Lehrer und Freunde ertragen, die ihm

Mr. Honda betrachtete selbst die größten Hindernisse lediglich als Hürden, die es auf dem Weg zum Ziel zu überspringen galt.

sagten, was für ein Idiot er doch sei, solche lächerlichen Dinge zu konstruieren.

War er frustiert? Darauf können Sie wetten. War er pleite? Ja. Gab er auf? *Unter keinen Umständen.*

Stattdessen verbrachte er die nächsten zwei Jahre damit, seinen Kolbenring zu verbessern. Er besaß den Schlüssel zum Erfolg, die richtige **Erfolgsformel:**

1. Er entschied sich für ein bestimmtes Ziel.

2. Er handelte.

3. Er nahm zur Kenntnis, ob es funktionierte oder nicht, und als die Dinge nicht in der gewünschten Richtung liefen,

4. änderte er seine Strategie. Er war *flexibel* bei der Verfolgung seines Ziels, ohne es aus dem Auge zu verlieren.

Schließlich, nach zwei weiteren Jahren, kaufte Toyota tatsächlich seine überarbeitete Konstruktion!

Um eine Fabrik für die Produktion der Kolbenringe bauen zu können, benötigte Mr. Honda Beton, doch die japanische Regierung bereitete das Land auf den Zweiten Weltkrieg vor, so daß kein Beton verfügbar war. Wieder sah es aus, als sei sein Traum zum Scheitern verurteilt. Niemand schien bereit, ihm zu helfen. Doch gab er diesmal auf? Keineswegs. Er hatte sich entschieden, diese Fabrik zu bauen. Da Aufgeben für ihn nicht in Frage kam, versammelte er ein paar Freunde um sich. Wochenlang arbeiteten sie rund um die Uhr, probierten verschiedene Lösungsmöglichkeiten aus und entdeckten schließlich eine neue Methode, Beton herzustellen. Honda baute die Fabrik und war endlich in der Lage, seine Kolbenringe zu produzieren.

»Doch die Geschichte geht noch weiter ...«

Während des Krieges bombardierten die Vereinigten Staaten seine Fabrik und zerstörten sie fast völlig. Statt sich geschlagen zu geben, rief Mr. Honda alle seine Angestellten zusammen. Er sagte: »Rasch! Lauft nach draußen und beobachtet die Flugzeuge. Sie werfen ihre Zusatztanks ab. Die müssen wir finden, denn sie enthalten die Rohmaterialien, die wir für unsere Produktion brauchen!« Das waren Materialien, die sich sonst nirgendwo in Japan beschaffen ließen. Mr. Honda nutzte alle Gelegenheiten, die das Leben ihm bot. Schließlich vernichtete ein Erdbeben seine Fabrik, und er war gezwungen, seine Kolbenfertigung an Toyota zu verkaufen. Doch Gott verschließt uns niemals eine Tür, ohne uns dafür eine andere zu öffnen. Deshalb müssen wir stets offen bleiben für neue Gelegenheiten, die sich uns im Leben auftun. ...

Bei Kriegsende befand sich Japan in einer tiefen Krise. Überall im Land herrschte großer Mangel – Benzin war rationiert und ließ sich oft überhaupt nicht beschaffen. Mr. Honda konnte noch nicht einmal sein Auto auftanken und damit auf den Markt fahren, um Lebensmittel für seine Familie zu kaufen. Doch statt sich besiegt und hilflos zu fühlen, traf er eine neue Entscheidung. Er entschied, sich nicht mit diesen Lebensumständen abzufinden. Er stellte sich eine sehr kraftvolle Frage: »Wie kann ich meine Familie besser ernähren, für ein besseres Einkommen sorgen? Wie kann ich Dinge, die ich bereits jetzt habe, dafür nutzen?« Er besaß einen kleinen Motor, von der Art und Größe, wie man sie traditionell benutzte, um Rasenmäher anzutreiben. Diesen Motor montierte er an sein Fahrrad. So entstand das erste Fahrrad mit Hilfsmotor. Er fuhr damit zum Markt, und schon bald baten ihn seine Freunde, ihnen auch ein solches »Motorfahrrad« zu bauen. Nach kurzer Zeit hatte er so viele davon gebaut, daß ihm die Motoren ausgingen. Also entschied er, eine neue Fabrik zu errichten, um eine Serienproduktion aufzuziehen. Doch er besaß kein Geld, und Japan lag wirtschaflich völlig darnieder. Wie ließ sich also dieses Ziel erreichen?

> »Immer dann, wenn Sie Entscheidungen treffen, nehmen Sie Ihr Schicksal selbst in die Hand.«
> Anthony Robbins

Mr. Honda gab nun nicht etwa auf und sagte: »Es geht leider nicht.« Stattdessen kam ihm ein glänzender Einfall: Er entschied, jedem einzelnen Fahrradhändler in Japan einen Brief zu schicken. Er schrieb ihnen, daß er die Lösung gefunden zu haben glaubte, wie sich Japan wieder in Bewegung bringen ließ. Sein Moped würde billig sein und den Leuten helfen, dorthin zu gelangen, wo sie hinwollten. Dann bat er sie, in sein Vorhaben zu investieren.

Von den 18000 Fahrradhändlern, die seinen Brief erhielten, gaben 3000 Mr. Honda Geld, und er produzierte die erste Lieferung. Jetzt denken Sie sicher, die Sache sei sofort ein Erfog geworden, nicht wahr? Falsch! Das Moped war zu schwer und unhandlich, und nur sehr wenige Japaner kauften es. Wieder schaute sich Mr. Honda genau an, was nicht funktionierte, und statt aufzugeben, änderte er auch diesmal seine Vorgehensweise. Er *entschied*, sein Moped zu vereinfachen und es viel leichter und kleiner zu machen. Er nannte es »The Cub«, und es wurde »über Nacht« ein voller Erfolg. Honda erhielt dafür sogar einen Orden des Kaisers. Alle dachten, wieviel »Glück« er doch gehabt hatte, genau zur rechten Zeit mit der richtigen Idee zu kommen.

Hatte er Glück? Mag sein, wenn »Glück« bedeutet, zielstrebig zu arbeiten und dabei immer offen für neue Erkenntnisse und Einsichten zu sein. Heute gehört Mr. Hondas Firma zu den erfolgreichsten Unternehmen der Welt. Die Honda Corporation beschäftigt über 100 000 Menschen und verkauft hinter Toyota in den USA die meisten Autos – allein weil *Mr. Honda niemals aufgab*. **Er ließ sich durch Probleme oder äußere Hindernisse niemals von seinem Weg abbringen. Er entschied, daß es immer einen Weg zum Erfolg gibt, solange man sich wirklich ernsthaft bemüht!**

Entscheidungen, Entscheidungen!

Sie und ich wissen, daß es Menschen gibt, die von Geburt an begünstigt sind: Sie haben reiche Eltern und wachsen in einer privilegierten Umgebung auf; sie sind von der Natur mit einem starken, gesunden Körper beschenkt; sie wurden auf jede erdenkliche Weise umsorgt und es fehlte ihnen an nichts. Und doch wissen Sie und ich ebenfalls, daß viele dieser Menschen später fett, frustriert und drogensüchtig werden.

Andererseits gibt es immer wieder Menschen, die es schaffen, selbst allerschwierigste äußere Umstände zu meistern, einfach weil sie sich *entscheiden*, etwas aus ihrem Leben zu machen. **So werden sie zu Beispielen für die grenzenlose Kraft des menschlichen Geistes.**

Wenn Sie eine echte Entscheidung treffen, dann ziehen Sie einen Schlußstrich, und diesen Strich ziehen Sie nicht in Sand, sondern in Zement.

Wie schafften diese bemerkenswerten Menschen das? Irgendwann entschieden sie, daß sie genug hatten. Sie beschlossen, von nun an für sich nur noch das Beste zu akzeptieren. Sie trafen eine echte Entscheidung, die ihr Leben von Grund auf veränderte.

Was meine ich mit einer »echten Entscheidung«? Viele Menschen sagen: »Nun gut, ich sollte wirklich ein bißchen abnehmen. Ich sollte mehr Geld verdienen. Ich sollte mir einen besseren Job suchen. Ich sollte mit dem Trinken aufhören.« Aber Sie können den ganzen Tag »sollte« sagen, ohne daß sich irgendetwas ändert!

Wenn Sie Ihr Leben wirklich ändern wollen, müssen Sie eine echte Entscheidung treffen. Eine echte Entscheidung zu treffen bedeutet, *jede andere Möglichkeit* auszuschließen, bis auf die eine, die Sie realisieren wollen.

Wenn das Treffen von Entscheidungen so einfach und wirkungsvoll ist, warum treffen dann nicht mehr Leute öfter Entscheidungen? Weil sie nicht wissen, was eine echte Entscheidung ist. Sie denken, Entscheidungen seien wie ein Wunschzettel: »Ich würde gerne mit dem Rauchen aufhören« oder »Ich möchte keinen Alkohol mehr trinken«. Die meisten von uns haben schon so lange keine echte Entscheidung getroffen, daß wir gar nicht mehr wissen, was das für ein Gefühl ist.

Wenn Sie eine echte Entscheidung treffen, ziehen Sie einen Schlußstrich, und diesen Strich ziehen Sie nicht in Sand, sondern in Zement. Sie wissen dann ganz genau, was Sie wollen. Diese Klarheit verleiht Ihnen die Kraft, sich voll und ganz für das Ziel einzusetzen, für das Sie sich entschieden haben.

Die Menschen, die alle Hindernisse meistern und ihr Leben von Grund auf wandeln, treffen jeden Tag drei sehr machtvolle Entscheidungen. Sie entscheiden

1. worauf sie ihre Aufmerksamkeit richten
2. was das für sie bedeutet
3. was sie konkret tun.

Ein anderes meiner Lieblingsbeispiele ist die Geschichte von Ed Roberts. Es handelt sich bei ihm um einen »ganz gewöhnlichen« Mann, der an den Rollstuhl gefesselt ist. Was ihn außergewöhnlich macht ist seine Entscheidung, seine scheinbaren äußeren Begrenzungen zu überwinden. Um ein halbwegs normales Leben führen zu können, ist Roberts, der seit seinem vierzehnten Lebensjahr vom Hals abwärts gelähmt ist, auf ein Atemgerät angewiesen, dessen Benutzung er unter großen Schwierigkeiten erlernte, und jede Nacht verbringt er in einer eisernen Lunge. Schon mehrere Male wäre er beinahe gestorben, und er hätte zweifellos Grund genug, sich ganz auf sein eigenes Leiden zu konzentrieren. Doch stattdessen beschloß er, etwas für andere zu tun.

In den letzten fünfzehn Jahren bewirkte seine Entscheidung, gegen Umstände anzugehen, die er oft als entwürdigend und benachteiligend empfand, daß sich die Lebensqualität für Behinderte in vielen Bereichen verbesserte. Ed Roberts klärte die Öffentlichkeit auf und bewirkte, daß von Rollstuhlrampen, über spezielle Parkplätze für Behinderte bis hin zu Geländern und Haltegriffen viele neue Dinge geschaffen wurden. Roberts war der erste Querschnittsgelähmte, der einen Abschluß der Universität von Kalifornien in Berkeley erwarb. Schließlich wurde er sogar Direktor des Amtes für Behinderten-Integration im Staat Kalifornien. Damit war er der erste schwer Körperbehinderte, der eine solche Position erreichte.

Dieser Mann konzentrierte sich ganz offensichtlich auf etwas ganz anderes, als die meisten Menschen es in seiner Lage tun würden. **Er konzentrierte sich darauf, etwas Außergewöhnliches zu leisten.** Seine körperlichen Probleme bedeuteten für ihn eine Herausforderung. Er entschied sich, etwas für all jene Menschen zu tun, die sich in einer ähnlichen Situation befanden wie er. Er widmete sich von ganzem Herzen der Aufgabe, seine Umwelt so umzugestalten, daß sich die Lebensqualität für alle Körperbehinderten verbesserte.

Ed Roberts ist ein sehr gutes Beispiel dafür, daß es nicht auf die Ausgangsbedingungen ankommt, sondern auf Ihre Entscheidungen und die Ziele, die Sie anstreben. Alle seine späteren Aktivitäten basierten auf dem einen konsequenten Entschluß, sich mit aller Kraft einer bestimmten Sache zu widmen. Entscheiden Sie sich also, etwas aus Ihrem Leben zu machen. Setzen Sie sich ein Ziel.

Treffen Sie jetzt eine Entscheidung!

Jeder menschliche Fortschritt beginnt damit, eine neue Entscheidung zu treffen. Welche Entscheidung, durch die Ihr Leben sich verbessern würde, schieben Sie schon lange vor sich her? Vielleicht ist es der Entschluß, statt zu rauchen oder zu trinken lieber zu joggen oder zu lesen. Oder morgens früher und in besserer Laune aufzustehen. Vielleicht ist es die Entscheidung, nicht länger anderen Leuten die Schuld zu geben, sondern stattdessen selbst jeden Tag etwas dafür zu tun, daß Ihr Leben erfreulicher wird. Vielleicht entschließen Sie sich dazu, beruflich erfolgreicher zu werden, indem Sie etwas leisten, das für andere von ganz besonderem Wert ist. Vielleicht entscheiden Sie sich dafür, sich weiterzubilden und neue Fertigkeiten zu erwerben, um mehr Geld zu verdienen oder mehr für Ihre Familie und Ihre Freunde tun zu können.

Treffen Sie jetzt, in diesem Augenblick, zwei Entscheidungen, die Sie auch wirklich in die Tat umsetzen wollen – koste es, was es wolle. Treffen Sie zuerst eine einfache Entscheidung: ein Versprechen an sich selbst oder andere, das Sie leicht einhalten können. Doch indem Sie diese Entscheidung wirklich umsetzen, beweisen Sie sich, daß Sie fähig sind, auch größere Entscheidungen zu treffen. Sie entwickeln auf diese Weise stärkere »Entscheidungs-Muskeln«.

Treffen Sie nun eine zweite Entscheidung, eine, von der Sie wissen, daß sie größeren persönlichen Einsatz erfordert. Entscheiden Sie sich für etwas, das Sie inspiriert.

Notieren Sie die beiden Entscheidungen in den freien Raum hier auf dieser Seite, erzählen Sie Ihrer Familie und Ihren Freunden davon. Wenn Sie Ihre beiden Entscheidungen in die Tat umsetzen, können Sie stolz auf sich sein und dieses Gefühl genießen!

Zwei wichtige Entscheidungen, die ich getroffen habe und auf jeden Fall in die Tat umsetze!

1. _____

   _____

   _____

2. _____

   _____

   _____

Inwieweit Sie Ihre Entscheidungen wirklich umsetzen, hängt davon ab, ob Sie ...

Vierte Lektion
Einen starken Glauben
aufbauen und ... loslegen!

Es gibt eine Kraft, die alle unsere Entscheidungen beherrscht. Sie beeinflußt, wie Sie sich in jedem Augenblick Ihres Lebens fühlen und was Sie denken. Sie bestimmt, was Sie tun und was Sie nicht tun. Sie bestimmt, wie Sie auf die Ereignisse in Ihrem Leben reagieren. Diese Kraft ist Ihr *Glaube*.

Wenn Sie an etwas glauben, erteilen Sie Ihrem Gehirn damit eine Anweisung, die das Gehirn völlig unkritisch in die Tat umsetzt. Bestimmt ist es Ihnen auch schon so ergangen: Jemand fragt: »Könnte ich bitte das Salz haben?« Sie gehen in die Küche und denken: »Ich weiß nicht, wo das Salz ist.« Sie suchen das ganze Küchenregal ab und sagen schließlich: »Ich kann das Salz nicht finden.« Garantiert kommt dann derjenige, der das Salz wollte, hereinspaziert, stellt sich neben Sie und sagt: »Und was ist das da?« Dabei zeigt er mit dem Finger auf das Salz, das die ganze Zeit über genau vor Ihrer Nase gestanden hat. Wieso haben Sie es übersehen? Weil Sie nicht *geglaubt* haben, daß das Salz da ist.

Sobald wir an etwas glauben, beginnt dieser Glaube zu steuern, was wir sehen und fühlen. Wußten Sie, daß der Glaube sogar die Augenfarbe eines Menschen verändern kann? Laut Dr. Bernie Siegel, dem Autor von *Prognose Hoffnung* und anderen Büchern über die Verbindung zwischen Geist und Körper, haben Wissenschaftler einige interessante Dinge über Menschen herausgefunden, die unter multipler Persönlichkeitsspaltung leiden: Bei einigen dieser Patienten führt der Glaube, sich in eine andere Person verwandelt zu haben, dazu, daß ihr Gehirn einen Befehl erhält, der buchstäblich die Biochemie ihres Körpers verändert – und wenn sie die Persönlichkeit wechseln, ändert sich tatsächlich auch die Farbe ihrer Augen!

Der Glaube kann sogar den Herzschlag beeinflussen. Menschen, die an Voodoo glauben, sterben, wenn jemand sie »verhext« – nicht wegen des Zaubers, sondern weil sie ihrem eigenen Herzen unbewußt den vom Körper unkritisch ausgeführten Befehl erteilen, einfach stehenzubleiben.

Kann Ihr Glaube Ihr Leben und das Leben Ihnen nahestehender Menschen beeinflussen? Darauf können Sie wetten! Ihre Glaubenssätze, Ihre persönlichen Überzeugungen sind sehr mächtig, Sie sollten daher sorgfältig prüfen, woran Sie glauben wollen, besonders was Sie in bezug auf Ihre eigene Person glauben wollen. Im Laufe der Jahre habe ich festgestellt, daß es einige Glaubenssätze gibt, die mir persönlich sehr geholfen haben. Einige dieser Glaubenssätze habe ich in diesem Buch bereits erwähnt:

- »Es gibt immer die Möglichkeit, die Dinge zum Besseren zu wenden, wenn ich mich wirklich ernsthaft bemühe.«

- »Es gibt im Leben keinen Mißerfolg, kein Versagen. Solange ich aus meinen Fehlern lerne, bin ich erfolgreich.«
- »Gott ist niemals gegen mich, aber oft fordert er von mir Geduld und Ausdauer.«
- »Meine Vergangenheit ist nicht meine Zukunft.«
- »Jederzeit kann ich mein ganzes Leben ändern, indem ich eine neue Entscheidung treffe.«

Diese Glaubenssätze beherrschen mein Denken und Verhalten. Sie haben es mir ermöglicht, gegen enorme Widerstände mein Leben in neue Bahnen zu lenken, und mir zu dauerhaftem Erfolg verholfen.

> *Zu glauben heißt, für wahr zu halten, was man noch nicht sieht. Der Lohn für solchen Glauben ist, daß das, was man noch nicht sieht, wahr wird.«*
>
> Augustinus

Aber was ist Glauben denn überhaupt? Oft sprechen wir über Dinge, ohne eine klare Vorstellung von ihnen zu haben. Die meisten Menschen behandeln einen Glauben an etwas, eine persönliche Überzeugung, wie ein reales Ding, obwohl es sich in Wirklichkeit lediglich um ein **Gefühl der Gewißheit** bezüglich einer bestimmten Sache handelt. Wenn Sie sagen, daß Sie glauben, Sie seien intelligent, dann sagen Sie damit in Wahrheit nur: »Ich habe das *sichere Gefühl,* intelligent zu sein.« Dieses Gefühl der Gewißheit ermöglicht es Ihnen, innere Quellen anzuzapfen, die Ihnen dabei helfen, intelligent zu handeln und die gewünschten Resultate zu erzielen. Wir alle kennen tatsächlich die Antworten auf alle Fragen – oder zumindestens können wir uns mit Hilfe anderer Menschen Zugang zu jeder benötigten Antwort verschaffen. Doch oft verhindert unser Mangel an Glauben – an innerer Gewißheit – daß wir unsere inneren Fähigkeiten wirklich effektiv nutzen.

Man begreift leicht, was ein Glaubenssatz ist, wenn man sich das Fundament anschaut, auf dem er ruht: eine Idee. Es gibt eine Menge Ideen, über die Sie möglicherweise nachdenken, ohne deswegen gleich an sie zu glauben. Nehmen wir beispielsweise die Idee, daß Sie liebenswert sind. Halten Sie für einen Moment inne und sagen Sie zu sich: »Ich bin liebenswert.«

Ob es sich dabei um einen Glaubenssatz oder lediglich eine Idee handelt, hängt von der Gewißheit ab, die sie bezüglich dieser Aussage empfinden. Wenn Sie denken: »Nun, ich bin nicht wirklich liebenswert«, dann sagen Sie damit eigentlich: »Ich empfinde keine *große Gewißheit*, liebenswert zu sein.«

Wie verwandelt man eine Idee in einen Glaubenssatz? Ich möchte Ihnen den Vorgang anhand einer einfachen Metapher beschreiben. Wenn Sie sich eine Idee als einen Tisch mit nur einem oder zwei Beinen vorstellen, haben Sie ein sehr hübsches Bild dafür, warum sich eine Idee weniger solide anfühlt als ein Glaubenssatz. Ein Glaubenssatz ist dagegen ein Tisch mit genügend soliden Beinen. Wenn Sie wirklich glauben: »Ich bin liebenswert«, woher *wissen* Sie es dann? Ist es nicht so, daß diese Idee dann durch einige Fakten gestützt wird? Mit anderen Worten, besitzen Sie dann nicht einige solide *Erfahrungen,* die Ihnen als Bestätigung dienen? Das sind die »Beine«, die ihrem Tisch Stabilität verleihen – das gibt Ihrem Glauben *Gewißheit.*

Auf welchen Erfahrungen beruht Ihr sicheres Gefühl, liebenswert zu sein? Vielleicht hat Ihnen jemand gesagt, daß Sie ein sehr liebenswerter Mensch sind. Oder Sie tun jeden Tag etwas, daß andere Menschen erfreut, sie glücklicher macht, ihnen Hoffnung schenkt. Vielleicht haben Sie anderen Menschen gegenüber ein gutes Gefühl, und Ihre eigenen liebevollen Gefühle für andere machen Sie

Welche Erfahrungen bestätigen Ihnen, daß Sie liebenswert sind?

selbst liebenswert. Aber wissen Sie was? All diese Erfahrungen haben für sich genommen überhaupt keine Bedeutung, solange Sie sie nicht als Bestätigung nutzen für Ihre Idee, liebenswert zu sein. Wenn Sie das tun, bekommen Sie das Gefühl, daß die Idee auf soliden Beinen ruht. (Sie empfinden Gewißheit.) Und daher glauben Sie daran. Ihre Idee fühlt sich solide an, und nun ist es ein Glaubenssatz.

Wenn Sie einmal begriffen haben, daß Glaubenssätze wie solide stehende Tische sind, können Sie erkennen, wie sie entstehen, und bekommen auch einen Hinweis darauf, wie Sie sie verändern können. Zuersteinmal ist es wichtig, sich klarzumachen, daß wir *alles* zum Glaubenssatz erheben können, wenn wir nur genug Beine finden, die diesen Glauben tragen.

Trifft es nicht zu, daß Sie selbst schon genug erlebt oder entsprechende Erlebnisse von anderen erzählt bekommen haben, um, wenn Sie das wirklich wollten, den Glauben zu entwickeln, daß die Menschen durch und durch schlecht sind und stets nur darauf aus, Sie zu übervorteilen? Vielleicht wollen Sie das nicht glauben, und natürlich wissen Sie, daß diese Art glauben wenig hilfreich ist. Aber haben Sie nicht schon genug erlebt, was diese Idee untermauert und Ihnen diesbezüglich ein Gefühl der Gewißheit verschaffen könnte, wenn Sie das wollten?

Trifft es andererseits aber nicht ebenso zu, daß Sie Erfahrungen – Belege – vorweisen können, die die Idee stützen, daß die Menschen grundsätzlich gut sind und daß sie in der Regel bereit sind, Ihnen zu helfen, wenn Sie sich aufrichtig für sie interessieren und sie anständig behandeln?

Die wichtigste Frage ist: Welcher dieser beiden Glaubenssätze ist wahr? Der, für den Sie sich entscheiden – Sie selbst haben die Wahl. Der Schlüssel liegt also darin, zu entscheiden, welche Glaubenssätze Ihnen Kraft verleihen und welche Sie schwächen.

Glaubenssätze können eine enorme Kraftquelle sein. **_Sie selbst_ können wählen, was Sie über sich selbst glauben, und dieser Glauben wird dann Ihr Handeln bestimmen.** Es kommt also darauf an, Glaubenssätze zu wählen, die sich positiv auswirken und Ihnen Hoffnung und Energie verleihen.

Überlegen Sie, welche drei Glaubenssätze Sie im Moment besonders dringend benötigen. Brauchen Sie den Glauben daran, daß Sie genug Selbstvertrauen haben, um ein Bewerbungsgespräch zu meistern? Genug Stärke, um eine unglückliche Beziehung zu beenden? Genug Liebe und Einfühlungsvermögen, um eine glückliche Beziehung einzugehen? Notieren Sie mindestens einen Glauben, den Sie jetzt gleich in sich aufbauen wollen:

Ich muß glauben

_____

_____

Manchmal sagen die Leute zu mir: »Ja, Tony, ich habe tatsächlich mal an etwas geglaubt – aber es hat nicht funktioniert.« Woher wissen sie so genau, daß es nicht funktioniert hätte? Vielleicht hätten sie einfach etwas mehr Geduld haben sollen.

Vielleicht wäre die folgende uralte Geschichte aus Indien eine Lehre für sie. Sie handelt von einem Bauern, der nur ein einziges Pferd für seinen Pflug besitzt. Das Pferd läuft ihm davon. Seine Nachbarn sagen: »Wie furchtbar!«

Der Bauer sagt: »Mag sein.«

Am nächsten Tag kommt er mit zwei Pferden zurück. Seine Nachbarn sagen: »Wie wunderbar!«

»Mag sein«, sagt der Bauer.

Sein Sohn versucht, die Pferde zuzureiten, und bricht sich dabei ein Bein. »Oh, wie schrecklich!« sagen die Nachbarn.

»Mag sein«, sagt der Bauer.

Am nächsten Tag werden alle jungen Männer zum Kriegsdienst einberufen, doch wegen seiner Verletzung ist der Sohn des Bauern waffenuntauglich und darf zu Hause bleiben. Jetzt sagen die Nachbarn: »Oh, was du für ein Glück hast!«

Sie können sich sicher schon denken, was der Bauer antwortet: »Mag sein.«

Und die Geschichte geht immer so weiter, wie das Leben. Wenn Sie an etwas glauben, und es hat noch nicht funktioniert, dann urteilen Sie vielleicht nur vorschnell. Vielleicht sind die vermeintlichen Schwierigkeiten gar keine. Vielleicht geht es rasch wieder vorüber.

Ihre Fähigkeit, Situationen richtig zu beurteilen, hängt sehr stark von dem Bild ab, daß Sie sich von der Zukunft machen, denn ...

LEKTION FÜNF
MAN BEKOMMT,
WAS MAN SIEHT

Viele Menschen möchten sich gerne anders fühlen, wissen aber nicht, wie Sie Ihre Gefühle verändern können. Der schnellste Weg, ein Gefühl zu verändern, besteht darin, sich auf etwas anderes zu konzentrieren. Wenn Sie sich jetzt in diesem Moment gerne lausig fühlen möchten, läßt sich dieser Zustand ganz leicht herbeiführen, nicht wahr? Dazu brauchen Sie sich lediglich an ein sehr schmerzhaftes Erlebnis erinnern und sich völlig darauf konzentrieren – wenn Sie das lange genug tun, werden Sie sich wieder genauso lausig fühlen wie damals.

Wie lächerlich! Würden Sie sich im Kino einen schlechten Film immer wieder anschauen? Natürlich nicht! Wozu also einen schlechten Film vor Ihrem inneren Auge abrollen lassen? Dieses Experiment zeigt, wie leicht es ist, bei sich selbst schlechte Gefühle zu erzeugen und in eine miese Stimmung hineinzurutschen – und wie wichtig es ist, bewußt auszuwählen, auf was Sie sich konzentrieren wollen. Selbst wenn Sie gerade schwere Zeiten durchmachen, kommt es darauf an, sich auf die Dinge zu konzentrieren, die Sie selbst beeinflussen und kontrollieren können.

Wenn Sie sich jetzt in diesem Moment gerne gut fühlen

möchten, könnten Sie das genauso leicht herbeiführen, nicht wahr? Sie müßten sich lediglich auf etwas konzentrieren, daß Ihnen Glücksgefühle vermittelt, zum Beispiel auf etwas, für das Sie heute dankbar sind. Oder Sie könnten sich voller Begeisterung ausmalen, wie sich Ihre schönsten Träume verwirklichen. Das wird Ihnen die Energie verleihen, Ihre Zukunft selbst in die Hand zu nehmen.

Ich möchte Ihnen ein einfaches Beispiel geben: Angenommen, Sie gehen zu einer Party und nehmen eine Videokamera dorthin mit. Den ganzen Abend richten Sie die Kamera auf die linke Zimmerecke, wo ein Paar sich ununterbrochen streitet. Wenn Sie Ihre ganze Aufmerksamkeit auf dieses Paar richten, werden Sie sich wohlmöglich von dessen Ärger und schlechter Laune anstecken lassen. Da Sie sich ganz auf deren Streiterei konzentrieren, werden Sie vermutlich denken: »Was für ein elendes Paar. Was für eine *elende* Party.«

Was wäre, wenn Sie auf derselben Party Ihre Aufmerksamkeit einer anderen Zimmerecke zugewandt hätten? In der rechten Ecke stehen ein paar Leute zusammen, lachen, scherzen und machen sich, statt zu streiten, einen schönen Abend! Wenn Sie dann jemand fragt: »Wie war denn die Party?« können Sie antworten: »Oh, es war eine *wundervolle* Party!« Die Lehre daraus ist sehr einfach: Es gibt eine unendliche Vielfalt von Dingen, auf die wir unsere Aufmerksamkeit richten können, aber die meisten von uns konzentrieren sich auf Schlimmes, Negatives, und auf Dinge, über die wir keine Kontrolle haben.

Lenken Sie Ihre Aufmerksamkeit in die richtige Richtung

Verstehen Sie jetzt, warum es so wichtig ist, sich auf die richtigen Dinge zu konzentrieren? Davon hängt ab, in welchem Licht Sie die Welt sehen und wie Sie sich verhalten. Und auch die Art, wie Sie sich fühlen, hängt davon ab. Darauf können Sie wetten!

Sich auf das Richtige zu konzentrieren, kann Ihnen buchstäblich das Leben retten. Zu meinen absoluten Lieblingsbeschäftigungen gehört es, Rennwagen zu fahren. Ich werde nie die wichtigste Lektion vergessen, die ich während meines Rennfahrer-Trainings lernte. Der Ausbilder sagte: »Das wichtigste, was Sie sich einprägen müssen, ist, wie Sie den Wagen abfangen, wenn Sie ins Schleudern geraten.« (Das ist eine gute Metapher für das Leben, nicht wahr? Manchmal geraten wir ins Schleudern und meinen, wir hätten die Kontrolle über unsere Situation verloren.) »Der Schlüssel dazu«, erklärte er, »ist sehr einfach. Die meisten Menschen konzentrieren sich, wenn sie ins Schleudern geraten, auf das, was sie am meisten fürchten – die Wand. Stattdessen müssen Sie sich darauf konzentrieren, wo *Sie hinwollen*.« Ich bin sicher, Sie haben auch schon von Leuten gehört, die mit ihrem Sportwagen über irgendeine Landstraße kurven und plötzlich die Kontrolle über den Wagen verlieren. Weit und breit gibt es nur einen einzigen Telefonmast, aber irgendwie schaffen sie es, genau dagegen zu prallen. Der Grund dafür ist, daß die Menschen, wenn Sie die Kontrolle verlieren, sich genau auf das fixieren, was sie um jeden Preis vermeiden wollen – und dadurch stellen Sie eine Verbindung dazu her. **Sie bewegen sich immer auf das zu, worauf Sie Ihre Aufmerksamkeit richten.**

Mein Ausbilder sagte zu mir: »Wir werden jetzt in einen speziellen »Schleuder-Wagen« steigen. Ich habe hier einen Computer, und wenn ich auf diesen Knopf drücke, hebt sich automatisch ein Rad vom Boden, so daß der Wagen zu schleudern anfängt. Wenn wir schleudern, *schauen Sie nicht auf die Wand.* **Blicken Sie dorthin, wo Sie hinwollen.«**

»Kein Problem«, sagte ich. »Ich habe verstanden.«

Als wir dann zum ersten Mal mit quietschenden Reifen über den Trainingskurs brausten, drückte mein Ausbilder den Knopf. Sofort verlor ich die Kontrolle über den Wagen, der wild zu schleudern anfing. Was glauben Sie, wohin meine Augen blickten? Natürlich genau auf die Wand! Ich war entsetzt, denn ich wußte, wir würden dagegenprallen. Doch dann packte der Ausbilder meinen Kopf, drehte ihn nach links und zwang mich so, in die Richtung zu schauen, in die ich den Wagen lenken mußte. Wir schleuderten weiter, und ich wußte, wir würden gegen die Wand krachen, aber ich war gezwungen, in die Richtung zu blicken, in die er meinen Kopf hielt. Ich konnte gar nicht anders, als das Lenkrad auch in diese Richtung zu drehen. Im letzten Moment gelang es mir, der Wand auszuweichen. Sie können sich vorstellen, wie erleichtert ich war!

Daran sieht man etwas sehr Nützliches: Wenn Sie Ihre

Aufmerksamkeit umlenken, ändert sich die Richtung oft nicht sofort. Ist das nicht im Leben genauso? Oft dauert es eine gewisse Zeit, bis der geänderte Focus auch zu neuen Erfahrungen führt. Das ist ein Grund mehr, sich so schnell wie möglich auf das zu konzentrieren, was Sie wirklich wollen, und die Lösung Ihrer Probleme nicht länger hinauszuschieben.

Aber zurück zu unserer Geschichte. Hatte ich meine Lektion gelernt? Noch nicht ganz. Als ich beim nächsten Mal wieder auf die Wand zuraste, mußte der Ausbilder mir immer noch laut zurufen, ich solle in die richtige Richtung blicken. Beim dritten Mal drehte ich den Kopf dann von mir aus herum. Ich vertraute darauf, daß es funktionieren würde, und das tat es auch. Wenn ich jetzt ins Schleudern gerate – *zack!* – dreht sich mein Kopf in die Richtung, in die der Wagen fahren soll, das Lenkrad schwenkt herum, und mein Wagen gehorcht. Ist das eine Garantie dafür, daß ich immer allein durch das richtige Steuern meiner Aufmerksamkeit einen Unfall vermeiden kann? Nein. Aber es erhöht meine Chancen beträchtlich, darauf können Sie wetten.

Was hat das nun mit Ihnen zu tun? Sie und ich müssen immer darauf achten, daß wir uns, wenn Probleme auftauchen, auf die Lösungen konzentrieren. Wir müssen uns darauf konzentrieren, wohin wir wollen, statt auf das, was uns Angst macht. **Sie werden das in Ihrem Leben erfahren, worüber Sie am meisten nachdenken.**

Die Konzentration umlenken, Entscheidungen treffen und die eigenen Glaubenssätze verändern – geht das alles über Nacht? Natürlich nicht. Es ist, als würden Sie neue Muskeln aufbauen. Ihre Muskeln werden nicht plötzlich anschwellen wie bei Popeye! Alles geschieht Stück für Stück. Aber ich garantiere Ihnen, wenn Sie Ihre Aufmerksamkeit auch nur geringfügig verlagern, wird sich in Ihrem Leben dadurch eine Menge verändern.

Nun möchte ich Ihnen eines der wirkungsvollsten Hilfsmittel vorstellen, um Ihre Aufmerksamkeit in neue Bahnen zu lenken, ein Hilfsmittel, das ich tagtäglich einsetze, seit ich beschlossen habe, meine Träume Wirklichkeit werden zu lassen. ...

Konzentrieren Sie sich darauf, wohin Sie wollen.

SECHSTE LEKTION
FRAGEN SIND DIE ANTWORT

Am besten können Sie Ihre Aufmerksamkeit in die gewünschten Bahnen lenken, indem Sie Fragen stellen. Wissen Sie, daß es Ihnen das Leben retten kann, die richtige Frage zu stellen?

Es rettete Stanislavsky Lech das Leben. Die Nazis drangen eines nachts in sein Haus aus ein und verschleppten ihn und seine Familie in ein Todeslager in Krakau. Seine Familie wurde vor seinen Augen ermordet.

Geschwächt, grambegeugt und halb verhungert schuftete er von Sonnenaufgang bis Sonnenuntergang zusammen mit den anderen Häftlingen des Konzentrationslagers. Wie konnte jemand derartige Qualen überstehen? Irgendwie schaffte er es durchzuhalten. Eines Tages betrachtete er den Alptraum, in dem er sich befand, und entschied, daß er sterben würde, wenn er auch nur einen Tag länger dort bleiben mußte. Er entschied, daß es nur einen Ausweg gab. Er mußte aus dem Lager fliehen. Und er war überzeugt, daß es irgendeinen Weg hinaus geben mußte, auch wenn bislang niemand entkommen war.

Seine Aufmerksamkeit verlagerte sich vom Kampf ums nackte Überleben zu der Frage: »Wie kann ich diesem furchtbaren Ort entkommen?« Wieder und wieder erhielt er darauf die gleiche Antwort: »Sei kein Narr! Es gibt kein Entkommen. Mit solchen Fragen quältst du dich nur unnötig.« Aber diese Antwort akzeptierte er nicht. Er stellte sich weiter die Frage: »Wie kann ich es schaffen? Es muß einen Weg geben. Wie kann ich von hier entkommen?"

Eines Tages fand er die Antwort. Nur ein paar Meter entfernt von der Stelle, an der er arbeitete, roch Lech verwesendes Fleisch. Der Geruch kam von vergasten Männern, Frauen und Kindern, deren nackte Leichen man auf die Ladefläche eines Lastwagens gehäuft hatte. Statt sich auf die Frage zu konzentrieren: »Wie konnte Gott etwas derartig Böses zulassen?«, fragte Lech sich: »Wie kann ich diese Gelegenheit zur Flucht nutzen?«

Als die Sonne unterging, kurz bevor die Häftlinge zu den Baracken zurückgeführt wurden, zog Lech in einem unbeobachteten Moment seine Kleidung aus und kroch nackt zwischen die Körper auf dem Lastwagen.

Er stellte sich tot und wartete, umgeben vom Geruch des Todes und dem drückenden Gewicht der Leichen. Schließlich hörte er, wie der Motor des Lastwagens ansprang. Nach einer kurzen Fahrt wurde der Berg aus Leichen in ein offenes Grab gekippt. Lech wartete, bis niemand mehr in der Nähe war, dann rannte er – nackt – 40 Kilometer weit in die Freiheit.

Was machte den Unterschied im Schicksal von Stanislavsky Lech aus gegenüber den Millionen, die in den Konzentrationslagern starben? Gewiß spielten mehrere Faktoren eine Rolle, aber ein Unterschied bestand darin, daß er eine andere Frage stellte. Und er stellte sich diese Frage wieder und wieder, mit der festen Erwartung, eine Antwort zu erhalten.

Das ist eine gute Frage!

Wir stellen uns den ganzen Tag lang ständig Fragen. Unsere Fragen bestimmen, worauf wir uns konzentrieren, wie wir denken und was wir fühlen.

Daß es mir gelang, mein Leben von Grund auf zu wandeln, lag zu einem großen Teil daran, daß ich mir die richtigen Fragen stellte. Ich hörte damit auf, mich zu fragen: »Warum ist das Leben so verdammt unfair?« und »Warum gehen meine Pläne immer schief?« Stattdessen begann ich, Fragen zu stellen, die zu nützlichen Antworten führten.

> *»Bittet, so wird euch gegeben; suchet, so werdet ihr finden; klopfet an, und es wird euch aufgetan.«*
> Matthäus 7,7

Zuerst dachte ich mir ein paar Fragen aus, die es mir ermöglichten, Probleme zu lösen. Diese Fragen bereiten mich darauf vor, immer dann, wenn ich mit einem Problem konfrontiert werde, nach Lösungen zu suchen und sie auch zu finden.

Die Problemlösungs-Fragen

1. Welche guten Seiten hat dieses Problem?
2. Was ist noch nicht perfekt?
3. Was bin ich zu tun bereit, um die Problemlösung zu erreichen, die ich mir wünsche?
4. Was bin ich aufzugeben bereit, um die Problemlösung zu erreichen, die ich mir wünsche?
5. Wie kann ich erreichen, das die Lösung des Problems für mich möglichst angenehm und erfreulich ist?

Wenn Ihnen die Beantwortung dieser Fragen schwerfällt, benutzen Sie stattdessen das Wort *könnte*. Beispiel: »Was *könnte* ein Grund für mich sein, mich jetzt in diesem Moment glücklich zu fühlen?

Ich stelle mir außerdem am Morgen und am Abend jeweils eine spezielle Reihe von Fragen. Diese Fragen bewirken, daß ich mich den ganzen Tag über großartig fühle und mich abends in bester Stimmung schlafen lege.

Die Power-Fragen am Morgen

1. Was macht mich in meinem Leben im Moment glücklich? Was genau löst dieses Glücksgefühl aus? Wie fühle ich mich dadurch?
2. Was finde ich an meinem Leben im Moment sehr aufregend? Was genau ist daran aufregend? Wie fühle ich mich dadurch?

3. Worauf bin ich in meinem Leben im Moment stolz? Was genau ist der Grund für diesen Stolz? Wie fühle ich mich dadurch?
4. Wofür bin ich in meinem Leben im Moment dankbar? Was genau macht mich dankbar? Wie fühle ich mich dadurch?
5. Was genieße ich in meinem Leben im Moment ganz besonders? Was genau genieße ich daran? Wie fühle ich mich dadurch?
6. Wofür setze ich mich in meinem Leben im Moment ganz besonders ein? Was genau ist der Grund für diesen persönlichen Einsatz? Wie fühle ich mich dadurch?
7. Wen liebe ich? Wer liebt mich? Wie genau drückt sich diese Liebe aus? Wie fühle ich mich dadurch?

Die Power-Fragen am Abend

1. Was habe ich heute gegeben? Auf welche Weise habe ich heute andere beschenkt?
2. Was habe ich heute dazugelernt?
3. Auf welche Weise hat der heutige Tag zur Qualität meines Lebens beigetragen? Wie kann ich diesen Tag als Investition in meine Zukunft nutzen?

Diese Fragen waren für mich immer wahre Lebensretter. Sie werden Ihnen helfen, Ihre Aufmerksamkeit in neue Bahnen zu lenken – und können Ihnen so helfen, Ihr Leben zu verändern.

Die Gabe, gute Fragen zu stellen

Wenn Sie einmal gelernt haben, ermutigende Power-Fragen zu stellen, können Sie damit nicht nur sich selbst, sondern auch anderen Menschen helfen. Einmal traf ich mich in New York mit einem Freund und Geschäftspartner zum Mittagessen. Er war ein prominenter Anwalt, und ich bewunderte ihn wegen seines geschäftlichen Erfolges und seiner enormen beruflichen Erfahrung. Doch an jenem Tag hatte er einen, wie er glaubte, verheerenden Schlag erlitten – sein Partner war aus der gemeinsamen Firma ausgestiegen und hatte ihm erhebliche finanzielle Verpflichtungen hinterlassen. Nun hatte er keine rechte Vorstellung, wie er in Zukunft allein zurechtkommen sollte.

Denken Sie daran, daß die Bedeutung, die er diesem Ereignis beimaß, davon bestimmt wurde, worauf er sich konzentrierte. In jeder denkbaren Situation können Sie sich auf Dinge konzentrieren, durch die Sie sich besser fühlen, oder auf Dinge, durch die Sie sich schlechter fühlen – und **Sie werden stets finden, wonach Sie suchen.** Das Problem war, daß er sich die völlig falschen Fragen stellte: »Wie konnte mein Partner mich so im Stich lassen? Ist ihm denn ganz egal, was aus mir wird? Sieht er nicht, daß er dadurch mein Leben zerstört? Erkennt er nicht, daß ich es ohne ihn nicht schaffen kann? Wie werden meine Klienten reagieren, wenn ich Ihnen sage, daß ich die Kanzlei allein nicht weiterführen kann?« Alle diese Fragen basierten auf der Annahme, das seine Existenz ruiniert war.

Diese Fragen waren für mich immer wahre Lebensretter.

Es gab viele Wege, wie ich meinem Freund in dieser Situation hätte helfen können, aber ich entschied, ihm einfach ein paar Fragen zu stellen. Zuerst stellte ich ihm die Morgen-Power-Fragen, dann die Problemlösungs-Fragen.

Als erstes fragte ich ihn: »Was macht dich glücklich? Ich weiß, das klingt albern und lachhaft und blauäugig, aber was macht dich richtig glücklich?« Seine erste Antwort lautete: »Gar nichts.«

Also sagte ich: »Was *könnte* dich jetzt im Moment glücklich machen, *wenn du glücklich sein wolltest*?« Er dachte einen Augenblick nach und sagte dann: »Meine Frau macht mich glücklich, weil wir in letzter Zeit wirklich gut miteinander auskommen und uns sehr nahe sind.« Dann fragte ich ihn: »Wie fühlst du dich, wenn du daran denkst, wie nahe ihr euch seid?« Er sagte: »Das ist eines der wunderbarsten Geschenke in meinem Leben.« Ich sagte: »Sie ist eine ganz außergewöhnliche Frau, nicht wahr?« Er fing an, sich auf die Gefühle zu konzentrieren, die er seiner Frau gegenüber empfand, und sofort ging es ihm besser.

Natürlich können Sie jetzt einwenden, daß ich ihn bloß abgelenkt habe. Aber ich half ihm auf diese Weise, in einen besseren emotionalen Zustand zu gelangen, und in einer besseren emotionalen Verfassung kommt man auch besser mit seinen Schwierigkeiten zurecht.

Also fragte ich ihn, was ihn noch glücklich mache. Er fing an zu erzählen, wie glücklich es ihn doch eigentlich machen *sollte,* daß er gerade einem Schriftsteller beim Abschluß seines ersten Buchvertrages geholfen hatte, und wie froh der Schriftsteller gewesen war. Er sagte, eigentlich könne er stolz darauf sein, fühle sich aber nicht so.

»Wenn du dich stolz fühlen würdest«, fragte ich ihn, *»wie genau würde sich das anfühlen?«*

Als er darüber nachdachte, wie gut sich das anfühlen würde, änderte sich seine Stimmung allmählich. Dann fragte ich: »Worauf bist du noch stolz?« Er sagte: »Ich bin wirklich stolz auf meine Kinder. Andere Menschen sind ihnen nicht gleichgültig, sie sind sehr engagiert und kommen im Leben gut zurecht. Ich bin stolz, daß aus ihnen so wunderbare Männer und Frauen geworden sind, und daß sie meine Kinder sind. Sie sind ein Teil meines Vermächtnisses.«

»Was ist es denn für ein Gefühl, daß du der Welt etwas so Positives schenken konntest?« fragte ich ihn, und da kam wieder Leben in diesen Mann, der eben noch geglaubt hatte, keine Zukunft mehr zu haben.

Dann fragte ich ihn, wofür er dankbar sei. Er antwortete, daß er wirklich dankbar dafür sei, die harte Zeit als junger, um berufliche Anerkennung kämpfender Anwalt durchgestanden, sich von ganz unten eine Karriere aufgebaut und so den »amerikanischen Traum« verwirklicht zu haben. Dann fragte ich: »Was findest du im Moment wirklich aufregend?« Er sagte: »Also, eigentlich finde ich es aufregend, daß ich jetzt eine Gelegenheit habe, mein Leben zu verändern.«

So hatte er seine Lage bisher noch gar nicht betrachtet, und dieser neue Gedanke kam ihm, weil sich sein emotionaler Zustand völlig verändert hatte. Ich fragte ihn: »Wen liebst du, und wer liebt dich?« Da sprach er von seiner Familie, und wie nah sie einander standen.

Dann stellte ich ihm eine wirklich harte Frage: »Welche guten Seiten hat es, daß dein Partner sich von dir trennt?«

Er sagte: »Weißt du, eine gute Seite dieser Geschichte könnte sein, daß ich es eigentlich hasse, jeden Tag in die Stadt pendeln zu müssen, denn ich bin viel lieber zu Hause in Connecticut. **Und das Ganze hat noch eine gute Seite: Mir eröffnen sich plötzlich völlig neue Perspektiven.**« Eine ganze Kette von Möglichkeiten erschien nun vor seinen Augen. Er beschloß, sich in Connecticut nicht weit von seinem Wohnhaus entfernt ein Büro einzurichten, seinen Sohn als neuen Partner in seine Kanzlei aufzunehmen und sich die Anrufe, die ihn in Manhattan erreichten, über einen Telefondienst weiterleiten zu lassen. Er wurde so energiegeladen, daß er beschloß, sich sofort nach einem passenden Büro umzuschauen.

Innerhalb weniger Minuten hatte die Kraft der richtigen Fragen Wunder gewirkt. Hatten diese Alternativen ihm auch schon zuvor offengestanden? Natürlich, aber die Fragen, die er sich gestellt hatte, hatten bewirkt, daß er sich hilflos fühlte, als alter Mann, der alles verloren zu haben schien, was er sich im Leben aufgebaut hatte. In Wirklichkeit hatte das Leben ihm ein wunderbares Geschenk gemacht, aber erst als er sich die richtigen Fragen stellte, konnte er die Wahrheit sehen.

Ein weiteres Hilfsmittel, mit dem Sie Ihr Leben verändern können, ist Ihre Physiologie. Was ist das? Ich werde es Ihnen verraten. ...

SIEBTE LEKTION
IHR KÖRPER KANN IHNEN HELFEN, GLÜCKLICH ZU SEIN

Die meisten von uns sind sich darüber klar, daß unser seelisches Wohlbefinden Einfluß auf unser körperliches Wohlbefinden hat. Aber nur wenige erkennen, wie sehr das auch umgekehrt zutrifft: Wenn wir unseren Körper bewegen, kommen auch unsere Gefühle in Bewegung. Beides kann man nicht voneinander trennen.

Wir müssen uns klarmachen, daß Bewegungen Gefühle hervorrufen. Die Art, wie wir uns bewegen, hat Einfluß auf unser Denken, Fühlen und Verhalten. Bewegungen wirken sich auf unsere Körperchemie aus, und zwar alle Bewegungen, von eher heftigen Aktivitäten wie Laufen, in die Hände klatschen oder Springen bis zu den kleinsten Regungen unserer Gesichtsmuskeln.

Wie sieht zum Beispiel ein depressiver Mensch aus? Falls Sie selbst je depressiv waren, wie hat dabei Ihr Körper ausgesehen? Müssen Sie Ihren Körper nicht in einer bestimmten Weise gebrauchen, um sich deprimiert zu fühlen? Was tun Sie dabei mit Ihren Schultern, lassen Sie sie vornübersinken oder richten Sie sie auf? Die Antwort ist offensichtlich, nicht wahr? Wo ist ihr Kopf ... unten? Wo sind ihre Augen ... unten? Ist Ihre Atmung flach? Man muß sich ganz schön anstrengen, um depressiv zu sein.

© 1960 United Feature Syndicate, Inc.

Sie wissen, wie sich Ihr Körper anfühlt, wenn Sie deprimiert sind, weil Sie darin einige Übung haben, nicht wahr? Das ist bei uns allen so. Sogar bei Charlie Brown.

Doch jetzt habe ich eine interessante Neuigkeit für Sie: Die Wissenschaftler sammeln schon seit langem Erkenntnisse darüber, wie Gefühle unseren Körper beeinflussen können, doch erst in jüngster Zeit interessieren sie sich auch dafür, wie der Körper unsere Gefühle beeinflußt. Eine dieser Studien ergab, daß Lächeln und Lachen im Körper biologische Prozesse auslösen, die bewirken, daß wir uns gut fühlen. Die Blutversorgung des Gehirn wird gesteigert. Das Gehirn erhält mehr Sauerstoff, und die Botenstoffe im Gehirn, die *Neurotransmitter,* werden dadurch stimuliert. Das gleiche geschieht auch bei anderen Gesichtsausdrücken. Wenn Sie ein ängstliches, wütendes oder überraschtes Gesicht machen, lösen Sie damit die entsprechenden Emotionen aus.

Als ich vor Jahren mein Leben änderte, geschah das vor allem dadurch, daß ich mich bewußt anders bewegte, andere Gesten machte, anders sprach. Zuerst kam ich mir dabei ein bißchen albern vor, etwas »affektiert«. Aber ich fand heraus, daß ich, indem ich meinen Körper auf neue Weise gebrauchte, über das Nervensystem meinem Gehirn mitteilte, was ich in Zukunft von mir selbst erwartete. Auf diese Weise änderte ich meine Gefühle und meine geistige Einstellung. Mein Denken wurde dynamischer und mein Handeln effektiver, positiver und zupackender. Aber das Geheimnis bestand darin, dieses neue körperliche Verhalten am Anfang ganz bewußt einzuüben, bis diese zunächst unvertraute Art, mich zu bewegen, mir in Fleisch und Blut übergegangen war. Schließlich brauchte ich gar nicht mehr darüber nachzudenken. Ich schauspielerte nicht. Ich hatte meinem Geist und meinem Nervensystem einfach neue, kraftvolle, positive Gewohnheiten eingeprägt.

Ich hatte zunächst einfach die Art nachgeahmt, wie mir bekannte Menschen, die über sehr viel Selbstvertrauen verfügten, sich bewegten. Ich kopierte ihr Verhalten mit der gleichen Intensität. So erwarb ich eine völlig neue Lebenssicht, und von da an gelang es mir auch viel besser, andere zu überzeugen. Ich erwarb die Fähigkeit, nicht nur mich selbst, sondern auch meine Freunde und Geschäftspartner positiv zu beeinflussen.

Mag sein, daß Ihnen das viel zu simpel klingt – ändere die Art, dich zu bewegen, und du änderst dein Leben – aber genau so ist es. Je stärker Sie Ihr körperliches Verhalten verändern, desto stärker verändern sich auch Ihre täglichen Gefühle und Handlungen. Hier ist ein Vorschlag: Wenn Sie sich das nächste Mal frustriert fühlen, springen Sie einmal kurz auf und ab, lockern Ihren Körper, setzen völlig ohne Grund ein albernes Grinsen auf und fragen sich: »Was ist die gute Seite von diesem Problem?« »Was ist daran total verrückt?« »Was ist komisch daran?« »Wird dieses Problem in zehn Jahren noch irgendeine Rolle spielen?« Indem Sie sowohl Ihre Physiologie als auch Ihren Blickwinkel verändern, verbessern Sie sofort Ihre geistige Verfassung. Dann können Sie das, was Ihnen zu schaffen macht, viel besser angehen.

Fällt Ihnen jemand ein, der sich auf eine Weise bewegt, wie Sie es auch gerne tun würden? Gibt es Freunde, Verwandte, Lehrer, Schauspieler, Tänzer, Moderatoren oder andere beeindruckende Vorbilder, die Sie gerne imitieren würden? Stellen Sie sich die betreffende Person vor. Auch wenn Sie nicht ganz sicher sind, wie diese Person sich bewegt oder spricht, können Sie doch einmal versuchen, es sich vorzustellen.

Angenommen, Sie sind ein Bundesliga-Fußballer und haben gerade das Tor geschossen, das Ihrer Mannschaft zur Deutschen Meisterschaft verhilft. Wie würden Sie dann gehen? Wäre ihr Kopf gesenkt und würden Sie Ihre Schultern hängen lassen? Bestimmt nicht! Sie würden stolzieren! Ihr ganzer Körper würde sagen: »Ich bin der Größte!« Würden sich dadurch Ihre Gefühle und Ihr Verhalten verändern? Zweifellos!

Sie werden feststellen, daß Sie sich, wenn Sie sich wie jemand anderes bewegen, auch genauso fühlen wie er oder sie. Versuchen Sie jetzt einmal Folgendes: Stehen Sie auf und denken Sie, während Sie diese Zeilen lesen, über ein Ziel oder einen Wunsch nach, etwas, von dem Sie wirklich wollen, daß es sich in Ihrem Leben verwirklicht. Beginnen Sie, während Sie darüber nachdenken, *Hoffnung* zu spüren. Stellen Sie sich so hin, wie Sie stehen, wenn Sie hoffen, wenn Sie sich nicht sicher sind, wie eine Sache ausgehen wird. *Sie hoffen, daß es klappen wird. Sie hoffen, daß es nicht schiefgeht.* Wie atmen Sie, wenn Sie sich Ihrer Sache nicht sicher sind, wenn Sie einfach nur hoffen, daß etwas gelingt? Wo befinden sich Ihre Schultern? Wo ruht das Gewicht Ihres Körpers? Was stellen Sie sich vor, wenn Sie nur hoffen, daß Sie Ihr Ziel erreichen können? Stellen Sie sich beides vor, daß es klappt und daß es nicht klappt? Probieren Sie es aus. Lesen Sie nicht einfach nur den Text durch.

Stellen Sie sich nun vor, daß Sie sich Sorgen machen. Machen Sie sich ganz bewußt Sorgen darüber, ob Sie Ihr Ziel erreichen, damit Sie sehen, was Sie mit Ihrem Körper anstellen, wenn Sie dieses Gefühl hervorzurufen. Was tun Sie mit Ihren Händen, wenn Sie sich Sorgen machen wollen? Was passiert mit Ihren Schultern? Spüren Sie Spannungen im Körper? Verlangsamen oder unterdrücken Sie Ihre Atmung? Was geschieht mit den Muskeln in Ihrem Gesicht? Wie klingt Ihre Stimme, wenn Sie besorgt sind? Was stellen Sie sich dabei vor? Sehen Sie dann nur, wie Ihr Vorhaben mißlingt? Rechnen Sie mit dem Schlimmsten, sehen Sie es plastisch vor Ihrem inneren Auge? Versetzen Sie sich jetzt wirklich in diesen Zustand und achten Sie darauf, was Sie mit Ihrem Körper anstellen müssen, um sich besorgt zu fühlen.

Lösen Sie sich jetzt wieder aus diesem Zustand und empfinden Sie stattdessen Gewißheit. Denken Sie an Ihr Ziel und atmen und stehen Sie so, wie Sie es tun würden, wenn Sie sich absolut sicher wären, daß Sie Ihr Ziel erreichen. Wie würden Sie stehen, wenn Sie eine solche zweifelsfreie Gewißheit verspüren? Wie wäre Ihre Haltung? Nehmen Sie jetzt diese Haltung ein, während Sie diese Worte lesen. Wie würden Sie atmen? Was würden Sie für ein Gesicht machen? Was tun Sie mit Ihren Händen, wenn Sie sich absolut sicher sind, das zu bekommen, was Sie wollen?

Wie ist Ihre Haltung jetzt? Ganz anders als wenn Sie besorgt sind oder lediglich hoffen, nicht wahr? Wo ruht Ihr Körpergewicht? Ist Ihr Körper ausbalanciert? Wenn Sie sich Ihrer Sache wirklich sicher sind, werden Sie sich vermutlich sehr gut geerdet und zentriert fühlen. Was stellen Sie sich vor? Ich wette, Sie sehen nur, wie Ihr Vorhaben gelingt, aber nicht, daß es ein Fehlschlag wird.

Wie können Sie es schaffen, sich jeden Tag so zu fühlen? Nehmen Sie sich erfolgreiche Menschen zum

Vorbild und ahmen Sie deren selbstsichere Physiologie nach: ihre Gesten, ihre Art zu atmen, ihren Gang. Noch besser ist es, wenn Sie die Körperbewegungen modellieren, die Sie selbst benutzen, wenn Sie ein geistiges und seelisches Hoch haben. Sie werden feststellen, daß das nicht einfach nur ein Spiel ist, sondern ein Weg, jene erstaunliche Intelligenz zu nutzen, die jeder Zelle Ihres Gehirns und Ihres Körpers innewohnt. Sie säen so durch Bewegung und Atmung die Saat des Erfolges aus, und werden eine entsprechende Ernte einfahren.

Und wenn Ihnen Menschen begegnen, deren Selbstvertrauen, Erfolg und Lebensfreude Ihnen als Vorbild dienen können, dann achten Sie nicht nur darauf, wie Sie Ihren Körper einsetzen, sondern auch, was Sie sagen. Achten Sie auf die Struktur ihrer Sprache, dann werden Sie etwas sehr Faszinierendes kennenlernen. ...

Langeweile«? Statt »stinksauer« wären Sie »leicht verstimmt«? Statt »irritiert« wären Sie »stimuliert«? Statt »abgelehnt« fühlten Sie sich lediglich »mißverstanden«? Statt »am Boden zerstört« zu sein, hätten Sie lediglich gerade »ein kleines Problem«? Würden Sie sich dann anders fühlen? Darauf können Sie wetten!

Vielleicht kommt Ihnen diese Methode viel zu simpel vor. Wir sollen unsere Gefühle einfach dadurch ändern können, daß wir andere Worte benutzen? Aber die Wahrheit ist, daß Worte tatsächlich diese Kraft besitzen. Darum sind wir auch heute, Jahrzehnte später, immer noch tief bewegt, wenn wir die Worte von Martin Luther King jr. hören, als er von dem Traum sprach, den er hatte. Oder die Worte Kennedys, als er sagte, fragt nicht, was euer Land für euch tun kann, sondern fragt, was ihr für euer Land tun könnt. Worte beeinflussen unsere Gefühle, und die meisten von uns sind sich gar nicht bewußt, welche Worte wir im Gespräch mit anderen – und mit uns selbst – tagtäglich benutzen. Und noch weniger merken wir, wie diese Worte ständig unser Denken und Fühlen bestimmen. Wenn Ihnen zum Beispiel jemand sagt, er sei *anderer Meinung* als Sie, werden Sie darauf emotional vermutlich eher schwach reagieren. Wenn er Ihnen sagt, daß Sie im *Irrtum* sind, wird die emotionale Reaktion schon stärker ausfallen. Und behauptet er gar, daß Sie *lügen,* würde sich dadurch Ihr Denken und Fühlen augenblicklich noch viel mehr verändern, oder etwa nicht? – Obwohl es in allen drei Fällen letztlich um den gleichen Sachverhalt geht.

Sich spitzenmäßig fühlen

Das funktioniert auch andersherum. Sie können Ihre angenehmen Gefühle verstärken, indem Sie sie einfach auf andere Art beschreiben.

Fühlen Sie sich »ekstatisch«, statt einfach nur »okay«! Seien Sie »fasziniert«, statt lediglich »interessiert«! Fühlen Sie sich »phänomenal«, statt nur »gut«! Seien Sie nicht bloß »entschlossen«, sondern »durch nichts aufzuhalten«!

Machen Sie sich also bereit für eine neue Art von Vokabeltest. Schreiben Sie ein paar Wörter auf, mit denen Sie

Sie können Ihre angenehmen Gefühle verstärken, indem Sie sie einfach auf andere Art beschreiben.

Ihr Leben beschreiben und die bewirken, daß Sie sich miserabel fühlen. Lassen Sie sich dann ein paar neue Wörter einfallen, die Sie stattdessen verwenden können. Diese Wörter können ruhig ein bißchen albern sein. Nehmen Sie das Ganze nicht zu ernst!

altes negatives Wort	**neues optimistisches Wort**
dumm	lernfähig
_____	_____
_____	_____
_____	_____
_____	_____
_____	_____
_____	_____
_____	_____
_____	_____

Bestimmt sind Ihnen dabei ein paar tolle Wörter eingefallen! Um Ihnen zusätzliche Anregungen zu geben, ist hier eine Liste mit Wörtern, die ich im Laufe der Jahre aufgeschnappt habe:

Negative Gefühle / Ausdrücke	**verwandeln sich zu**
wütend	ernüchtert
deprimiert	ruhig, bevor ich loslege
enttäuscht	leicht verwundert
peinlich berührt	hellwach
das stinkt	ein etwas seltsames Aroma
ich habe versagt	etwas dazugelernt
ich bin verwirrt	suche nach einem Weg
entsetzlich	ganz anders

Finden Sie jetzt ein paar Wörter, die Ihnen einen echten Energieschub geben. Machen Sie aus Wörtern, die eher lahm sind, echte Turbo-Wörter!

altes langweiliges Wort	**neues aufregendes Wort**
interessant	erstaunlich
___	___
___	___
___	___
___	___
___	___
___	___

Hier sind ein paar Beispiele:

Positive Wörter	**werden zu**
wach	energiegeladen
cool	unglaublich
leistungsfähig	durch nichts aufzuhalten
recht ordentlich	begnadet
gut	könnte nicht besser sein
okay	super
schnell	explosiv
gescheit	brillant
nicht schlecht	einfach himmlisch

Benutzen Sie Ihre neuen Wörter sofort. Sorgen Sie dafür, daß Sie »sich fühlen wie im siebten Himmel« und nicht bloß »Ihre Zeit totschlagen«. Falls Ihnen das Probleme bereitet, stellt sich die Frage ...

NEUNTE LEKTION
STEHEN SIE
»MIT DEM RÜCKEN ZUR WAND«?
SCHAFFEN SIE DEN DURCHBRUCH MIT EINER
NEUEN METAPHER!

»Ich bin mit meinem Latein am Ende.«
»Man kann nicht mit dem Kopf durch die Wand.«
»Ich weiß nicht, wo mir der Kopf steht.«
»Ich stehe am Scheideweg.«
»Ich habe den Boden unter den Füßen verloren.«
»Mir steht das Wasser bis zum Hals.«
»Ich bin vergnügt wie ein Fisch im Wasser.«
»Ich befinde mich in einer Sackgasse.«
»Ich trage die ganze Welt auf meinen Schultern.«
»Das Leben ist eine Schale Kirschen.«

Was haben alle diese Aussagen gemeinsam? Sie sind *Metaphern*. Was ist eine Metapher? Immer, wenn Sie etwas beschreiben, indem Sie es mit etwas anderem vergleichen, benutzen Sie eine Metapher. Metaphern sind wie Symbole: ein Weg, rasch sehr viel auszusagen. Die Leute benutzen ständig Metaphern, um ihre Gefühle zu beschreiben.

»Das Leben ist ein ständiger Kampf« und »das Leben ist wie ein wunderschöner Traum« sind zwei Metaphern und zwei grundverschiedene Weltsichten. Welche Konsequenzen hat es, wenn Sie das Leben als Kampf betrachten? Sie glauben dann höchstwahrscheinlich, daß die

Das Leben ist ein Spiel.

Menschen ständig im Wettstreit miteinander liegen. Sagen Sie aber, daß das Leben wie ein schöner Traum ist, fällt es Ihnen vermutlich leichter, Freude zu empfinden, und Sie betrachten andere Menschen nicht bloß als mögliche Konkurrenten.

Metaphern, die Wunder wirken

Hinter jeder Metapher steht ein System von Glaubenssätzen. **Wenn Sie eine Metapher benutzen, um Ihr Leben oder Ihre Situation zu beschreiben, wählen Sie damit auch die Glaubenssätze aus, die die Metapher stützen.** Deshalb sollten Sie sorgfältig darauf achten, wie Sie die Welt beschreiben – sich selbst gegenüber und im Gespräch mit anderen.

Zwei Menschen, die in Ihrem Leben bewundernswerte Metaphern verwenden, sind der Schauspieler Martin Sheen und seine Frau Janet. Ihre Metapher für die Menschheit ist »daß wir alle eine große Familie sind«. Aus diesem Grund zeichnet die beiden tiefes Mitgefühl und große Hilfsbereitschaft aus, selbst völlig Fremden gegenüber.

Martin hat mir einmal die bewegende Geschichte erzählt, wie sich vor vielen Jahren, während der Dreharbeiten für den Film *Apocalypse Now,* sein Leben für immer änderte. Bis zu jenem Augenblick hatte er das Leben als etwas Furchteinflößendes betrachtet. Heute empfindet er es als eine faszinierende Herausforderung. Warum? Seine neue Metapher lautet: »Das Leben ist ein Mysterium.«

Wodurch wandelte sich seine Metapher? Durch furchtbare Schmerzen. Die Dreharbeiten fanden unter enormem Zeitdruck tief im philipinischen Urwald statt. Nach einer ruhelosen Nacht erlitt Martin am Morgen einen schweren Herzanfall. Sein Körper war teilweise gefühllos und gelähmt. Er fiel auf den Boden und nur mit äußerster Willensanstrengung gelang es ihm, zur Tür zu kriechen und um Hilfe zu rufen.

Danke des großen Einsatzes des Filmteams, mehrerer Ärzte und sogar eines Stunt-Piloten gelang es, Martin in ein Notfallkrankenhaus zu bringen. Janet kam an sein Krankenbett. Martin wurde von Minute zu Minute schwächer. Janet weigerte sich, den Ernst seines Zustandes zu akzeptieren – sie wußte, daß Martin Kraft brauchte, um durchzuhalten – also lächelte sie strahlend und sagte zu ihm: »Es ist nur ein Film, Schatz! Nichts weiter als ein Film!«

Wie Martin mir sagte, wußte er in diesem Moment, daß er es schaffen würde. Er konnte nicht lachen, aber er begann zu lächeln, und mit dem Lächeln begann die Heilung.

Was für eine großartige Metapher! In Filmen sterben die Leute nicht *wirklich*. In einem Film entscheiden *Sie selbst*, wie die Geschichte ausgeht.

Jetzt höre ich Sie sagen: »Das klingt ja alles wunderbar, aber im Moment fühle ich mich wie von Zäunen umgeben.« Großartig! Dann suchen Sie das Tor und öffnen Sie es. »Ja«, sagen Sie, »aber ich trage die Last der ganzen Welt auf meinen Schultern.« Dann stellen Sie diese Last einfach auf den Boden und gehen unbeschwert weiter!

Wie beschreiben Sie *Ihre* Welt? Ist sie eine Prüfung? Ein ewiger Kampf? Wie wäre es, wenn sie stattdessen ein beschwingter Tanz wäre? Oder ein Spiel? Oder ein Blumengarten?

Wenn das Leben ein Tanz wäre, was würde das für Sie

bedeuten? Sie hätten Tanzpartner, graziöse Bewegungen und Harmonie. Wenn es ein Spiel wäre? Sie hätten eine Menge Spaß; Sie hätten die Möglichkeit, mit anderen Menschen spielerisch umzugehen und gemeinsam Freude zu erleben. Und wenn es ein Blumengarten wäre? Denken Sie an die leuchtenden Farben, den betörenden Duft, die natürliche Schönheit! Könnten Sie das Leben in einem solchen Garten nicht ein bißchen mehr genießen?

Was können Sie also tun, um Ihr Leben genau so zu gestalten, wie Sie es sich erträumen? Dazu brauchen Sie als erstes ...

Zehnte Lektion
Die richtigen Ziele –
Fundament für eine glückliche Zukunft

Wenn Menschen außergewöhnliche Taten vollbringen und scheinbar unmögliche Ziele erreichen, heißt es oft, sie hätten »einfach Glück gehabt«, »seien zur rechten Zeit am rechten Ort gewesen« oder »unter einem guten Stern geboren«. Doch ich habe viele besonders erfolgreiche Menschen interviewt und dabei etwas sehr Interessantes gelernt: Jede ihrer unglaublichen Leistungen begann mit dem gleichen ersten Schritt: sich ein Ziel zu setzen.

Als ich zum Beispiel Michael Jordan traf, fragte ich ihn, was ihn denn seiner Meinung nach von anderen Basketballspielern unterscheide. Was hatte ihn immer wieder zu persönlichen Bestleistungen und Team-Siegen motiviert? Was machte ihn zum besten aller Spieler? War es ein gottgegebenes Talent? War es sein Training? War es Strategie? Michael erzählte mir: »Viele Menschen besitzen ein gottgegebenes Talent, und ich gehöre sicherlich zu ihnen. Aber was mich schon mein ganzes Leben ausgezeichnet hat war, daß ich immer schon mehr sportlichen Ehrgeiz als die anderen hatte. Ich gab mich nie damit zufrieden, nur der Zweitbeste zu sein.«

Vermutlich fragen Sie sich genau wie ich, was wohl der Grund für diesen extremen sportlichen Ehrgeiz war? Ein

Wendepunkt in Michaels Leben ereignete sich während seines zehnten Schuljahres. Damals veranlaßte eine kurzfristige Niederlage ihn dazu, sich ein großes Ziel zu setzen. Die meisten Leute wissen vermutlich nicht, daß Michael Jordan, die Basketball-Legende, einer der größten Spieler aller Zeiten – es noch nicht einmal schaffte, ins Basketball-Team seiner High School aufgenommen zu werden.

Als Michael nicht im Team der Laney High School Buccaneers mitspielen durfte, ging er nach Hause und weinte den ganzen Nachmittag. Es wäre leicht gewesen, nach einer solchen Enttäuschung diesen Sport ganz aufzugeben. Doch stattdessen verwandelte Michael diese schmerzhafte Erfahrung in einen brennenden Wunsch: Er setzte sich einen noch höheren Standard, ein noch viel ehrgeizigeres Ziel – eines, das sein ganzes Schicksal für immer veränderte und durch das er eines Tages Basketball-Geschichte schreiben würde. Er beschloß nicht nur, doch noch die Aufnahme in die Mannschaft zu schaffen, sondern auch noch der beste Spieler auf dem Feld zu werden.

Um diesen ehrgeizigen Wunsch zu verwirklichen, tat er, was jeder erfolgreiche Mann, jede erfolgreiche Frau tut: Er setzte sich ein Ziel und begann sofort, entschlossen und energisch darauf hinzuarbeiten. Er bat den Trainer, Clifton Herring, ihm zu helfen. Den ganzen Sommer fuhr Herring mit Michael jeden morgen um sechs Uhr zum Training und arbeitete intensiv mit ihm. Zur selben Zeit wuchs der zukünftige Basketball-Star auf einen Meter achtundachtzig. Michaels Wunsch, sein Ziel zu erreichen, war so intensiv, daß er sich sogar in der Turnhalle ans Reck hängte und versuchte, seinen Körper in die Länge zu ziehen, weil er hoffte, es dann eher ins Team zu schaffen. (Daran sieht man, wie wirkungsvoll es ist, sich nach seinen Zielen »auszustrecken«.)

Michael trainierte jeden Tag, und schließlich wurde er in die Schulmannschaft aufgenommen. Er stellte unter Beweis, was zehn Jahre später, als er für die Chicago Bulls spielte, sein Trainer Doug Collins zu ihm sagte: **Je härter du dich vorbereitest, desto mehr Glück scheinst du zu haben.** Manche Menschen fürchten sich davor, sich Ziele zu setzen, weil sie glauben, doch nur zu versagen und eine Enttäuschung zu erleben. Sie machen sich nicht klar, daß es gar nicht in erster Linie darauf ankommt, Ziele zu erreichen, sondern sich welche zu setzen und dann engagiert darauf hinzuarbeiten. **Wir setzen uns Ziele, um unserem Leben eine Perspektive zu geben und um uns positiv weiterzuentwickeln.** Letztlich kommt es vor allem darauf an, zu welcher Art Mensch Sie werden, während Sie Ihr Ziel anstreben, und nicht so sehr darauf, ob Sie es tatsächlich erreichen.

Daß Sie sich ein Ziel setzen, muß nicht bedeuten, daß es in Ihrem Leben sofort zu dramatischen Veränderungen kommt. Es ist wie bei einem großen Frachtschiff auf hoher See: Wenn der Kapitän den Kurs nur um ein paar Grad ändert, wird das nicht sofort spürbar. Aber nach mehreren Stunden oder Tagen wird diese kleine Richtungsänderung das Schiff in einen völlig anderen Zielhafen bringen.

Als ich mich vor gut zehn Jahren aus meinen persönlichen Schwierigkeiten herausarbeitete, mußte ich eine Menge Kursänderungen vornehmen und mir eine Menge Ziele setzen. Während ich alle diese Ziele verfolgte (körperlich wieder in Form kommen, Selbstvertrauen aufbauen, usw.), lernte ich etwas ungeheuer Wichtiges: Mein Erfolg hängt davon ab, daß ich immer mein Bestes gebe – nicht nur ab und zu, sondern wirklich *immer*.

Alle erfolgreichen Menschen sind *ständig* bestrebt, ihre persönlichen Leistungen und Fähigkeiten zu verbessern. Sie geben sich nie damit zufrieden, ihre Sache einfach nur gut zu machen; sie wollen immer besser werden. Verschreiben auch Sie sich dieser Philosophie ständiger lebenslanger Verbesserung, die ich CANI!™ nenne (*engl.:* *C*onstant *A*nd *N*ever-ending *I*mprovement = ständige, niemals endende Verbesserung). Damit gewährleisten Sie, daß nicht nur Ihr persönlicher Entwicklungsprozeß lebenslang weitergehen wird – die wahre Quelle allen Glücks – sondern auch, daß Sie auf jeden Fall erfolgreich sein werden. CANI! bedeutet übrigens nicht, daß Sie alles perfekt machen, und auch nicht, daß die Dinge sich über Nacht ändern. Die erfolgreichsten Leute sind jene, die es verstehen, nie mehr abzubeißen als sie auch kauen können. Mit anderen Worten, sie zerlegen ein Ziel in kleine, mundgerechte »Happen«, erreichbare »Unterziele«, die schließlich längerfristig zu dem angestrebten Erfolg führen. Aber es genügt nicht, sich nur Unterziele zu setzen; Sie müssen auch jeden bewältigten kleinen Schritt gebührend feiern. Das hilft Ihnen, Elan zu entwickeln und sich Gewohnheiten zuzulegen, die schrittweise bewirken, daß Ihre Träume Realität werden.

Um sich von ganz unten hochzuarbeiten, müssen Sie sich eine Menge Ziele setzen.

Sicher kennen auch Sie den Spruch, daß eine tausend Meilen lange Reise mit einem einzigen Schritt beginnt. Doch wenn wir uns ein Ziel setzen, vergessen wir das häufig. Wann haben Sie sich das letzte Mal anerkennend auf die Schulter geklopft, weil Ihnen ein kleiner Schritt in die angestrebte Richtung gelungen ist? Als ich damals mein Übergewicht loswurde, wartete ich nicht erst, bis alle 34 Pfund verschwunden waren, ehe ich mir etwas Anerkennung gönnte. Am Anfang war es bereits beachtlich, den Teller wegzuschieben, wenn er noch nicht leergegessen war – eine echte Leistung! Wenn Sie zum Beispiel heute mit fünf Leuten über eine von Ihnen geplante berufliche Veränderung sprechen und dabei Informationen erhalten, die Ihnen bei Ihrer Entscheidung helfen, dann sind das fünf Schritte vorwärts. Auch wenn Sie die eigentliche Veränderung Ihrer Karriere heute noch nicht in die Tat umsetzen, bewegen Sie sich trotzdem bereits in eine neue Richtung. Denken Sie daran, daß das, was Sie in der Vergangenheit getan haben, nicht darüber entscheidet, was Sie in Zukunft tun werden.

Sie selbst sind, wie es in einem berühmten Gedicht heißt, Herr Ihres Schicksals, Kapitän Ihrer Seele. Es liegt ganz bei Ihnen. Schieben Sie es nicht auf die lange Bank, sich Ziele zu setzen. Ändern Sie den Kurs Ihres Frachtschiffes *jetzt,* denn genau vor Ihnen, zum Greifen nah, befindet sich Ihre Zukunft.

Eine Zukunft, für die es sich zu kämpfen lohnt

Was läßt manche Menschen auch dann noch handeln und die Initiative ergreifen, wenn sie niedergeschlagen sind oder Angst haben? Warum schaffen es manche Menschen, gewaltige Hindernisse zu überwinden? Wieso lassen sie sich von dem, was andere als »Niederlage« bezeichnen, nicht zum Aufgeben bewegen?

Sie haben eine Zukunft vor Augen, für die es sich zu kämpfen lohnt – eine *unwiderstehliche Zukunft*.

Nehmen Sie zum Beispiel meinen Freund W. Mitchell. Bei einem schrecklichen Motorradunfall wurden zwei Drittel seiner Haut verbrannt. Während er im Krankenhaus lag, entschied er, etwas Positives für die Menschen in seiner Umgebung zu tun, ihnen etwas zu geben. Obwohl sein Gesicht bis zur Unkenntlichkeit verbrannt war, glaubte er dennoch, daß sein Lächeln ihre Welt erhellen konnte. Und so war es auch. Er glaubte, anderen Menschen Mut machen zu können; er konnte ihnen zuhören und sie trösten. Und genau das tat er.

Ein paar Jahre später hatte er wieder einen schweren Unfall. Diesmal war es ein Flugzeugabsturz, durch den Mitchell von der Taille abwärts gelähmt wurde. Gab er auf? Nein. Stattdessen fiel ihm in der Klinik eine besonders schöne Krankenschwester auf. »Wie kann ich es schaffen, mich mit ihr zu verabreden?« fragte er sich. Seine Freunde erklärten ihn für verrückt. Mag sein, daß er ihnen insgeheim recht geben mußte. Doch an seinem Traum hielt er trotzdem fest.

W. Mitchell malte sich eine herrliche Zukunft mit dieser wunderschönen Frau aus. Er benutzte seinen Charme, seine Klugheit, seinen Humor, seinen freien Geist und seine dynamische Persönlichkeit, um ihr Herz zu gewinnen, und schließlich heirateten die beiden. Die meisten Menschen in seiner Lage wären nicht auf die Idee gekommen, es auch nur zu versuchen. Aber er griff nach den Sternen – und änderte dadurch sein Leben für immer.

Wie gelang es ihm, diese unwiderstehliche Zukunft Wirklichkeit werden zu lassen? Er setzte sich Ziele, die weit über das hinausgingen, was ihm, rein vernunftmäßig betrachtet, möglich war. Er traf eine Entscheidung, daß er diese Ziele erreichen würde, und zwar unter allen Umständen. Dann überzeugte er sich selbst davon, daß er es schaffen würde, indem er seine Ziele in kleine, machbare Schritte unterteilte: winzige Handlungen, die er täglich vollbringen mußte, ehe er sich an die großen, dynamischen Veränderungen in seinem Leben heranwagen konnte. Wenn Sie sich ein wirklich inspirierendes Ziel auswählen, dann setzen Sie in Ihnen schlummernde Kräfte frei, mit denen Sie Dinge vollbringen können, die andere für unmöglich halten. Sie schenken sich selbst damit eine enorme Möglichkeit, zu wachsen und sich weiterzuentwickeln.

> *»Gewinnen beginnt mit Beginnen.«*
> Anonym

Wir alle kennen Menschen, die ständig durch einen Nebel der Verwirrung zu irren scheinen. Sie gehen in die eine Richtung, dann wieder in eine andere. Sie versuchen eine Sache, dann wenden sie sich etwas anderem zu. Sie schlagen einen Weg ein, machen dann plötzlich kehrt und gehen genau in die entgegengesetzte Richtung. Ihr Problem ist ganz einfach, daß sie nicht wissen, was sie wollen. Um ein Ziel erreichen zu können, muß man erst einmal wissen, worin dieses Ziel besteht.

Was Sie jetzt tun müssen, ist Träumen. Aber es ist absolut notwendig, daß Sie sich dabei wirklich konzentrieren. Davon, daß Sie einfach nur dieses Buch lesen, werden Sie nicht viel haben. Sie müssen sich hinsetzen und Ihre Träume aufschreiben.

Machen Sie es sich an einem Platz bequem, wo Sie sich wohlfühlen und ungestört sind. Nehmen Sie sich mindestens eine halbe Stunde Zeit, um herauszufinden, was Sie gerne sein möchten, was Sie der Welt geben, was Sie verwirklicht sehen und erschaffen möchten. Das können die wertvollsten dreißig Minuten Ihres ganzen bisherigen Lebens werden! Sie werden lernen, sich Ziele zu setzen und Resultate festzulegen. Sie werden sich eine Karte jener Straßen anfertigen, auf denen Sie im Leben reisen wollen. Sie werden sich darüber klarwerden, wohin Sie wollen und was Sie dort erwarten.

Ein guter Rat vorneweg: Lassen Sie Ihrer Phantasie freien Lauf, legen Sie ihr keinerlei Zügel an!

Was würden Sie in Ihrem Leben tun, wenn Sie wüßten, daß Sie auf keinen Fall dabei scheitern? Nehmen

Sie sich einen Moment Zeit, um wirklich ernsthaft über diese Frage nachzudenken. **Wenn Sie sich Ihres Erfolges absolut sicher wären, welchen Aktivitäten würden Sie dann nachgehen, was würden Sie dann mit Ihrem Leben anfangen?**

Seien Sie dabei genau. Je mehr Einzelheiten Sie sich ausdenken, desto besser werden Sie in der Lage sein, konkrete Resultate hervorzubringen. Zum Teil wird Ihre Liste aus Dingen bestehen, über die Sie schon seit Jahren nachdenken. Es werden aber auch Dinge darunter sein, von denen Sie bislang nicht einmal zu träumen wagten. Aber es ist notwendig, daß Sie sich entscheiden, was Sie wollen, denn das bestimmt, was Sie bekommen. **Bevor etwas in der Welt geschieht, muß es zunächst in Ihrem Kopf geschehen.**

Keine Grenzen!

Am Ende dieses Buches finden Sie ein paar leere Seiten. Die können Sie für Ihre Zielsetzungs-Sitzung benutzen. Machen wir uns also an die Arbeit:

1. Träumen Sie!
Malen Sie sich in den schönsten Farben aus, was Sie für sich selbst erreichen und was Sie Ihren Mitmenschen geben möchten. Seien Sie dabei großzügig. Schreiben Sie alle Ihre Träume auf, alles, was Sie haben, tun, sein und mit anderen teilen möchten. Überlegen Sie, welchen Men-

zuzulächeln. Und er bat die Krankenschwester sofort, mit ihm auszugehen.

Natürlich entwickelte sich die Romanze zwischen den beiden nicht über Nacht. Auch bei Ihnen wird sich der Fortschritt Schritt für Schritt einstellen. Als Ihr eigener bester Freund sollten Sie etwas Geduld mit sich haben und sich nicht mit Selbstvorwürfen quälen, wenn Sie Ihr Ziel nicht augenblicklich erreichen.

Und machen Sie regelmäßig »Gehirn-Training«, damit Ihr Gehirn weiß, daß Sie das gesteckte Ziel unter allem Umständen erreichen wollen:

- Setzen Sie sich zweimal täglich für ein paar Minuten ruhig hin und denken Sie über Ihr Ziel nach.
- Stellen Sie sich lebhaft vor, wie Sie Ihr Ziel erreichen. Spüren Sie Ihre ganze Freude, den Stolz, die Erregung. Malen Sie sich in allen Einzelheiten aus, was Sie in diesem Moment des Erfolges sehen, hören und fühlen.

Das ist ein großartiges Gefühl, nicht wahr?

Glauben Sie, daß solche Übungen etwas bringen? Ja? Nein? Ein bißchen? Ich will Ihnen beweisen, daß diese Methode tatsächlich funktioniert. Daher möchte ich Ihnen eine Art Spiel vorschlagen. Wenn Sie sich wirklich auf dieses Spiel einlassen – das heißt, sich fest entschlossen allen damit verbundenen Herausforderungen stellen – werden Sie enormen Gewinn daraus ziehen, mehr als Sie sich vorstellen können.

Sind Sie bereit? Also gut, auf geht's! Hier ist ...

ELFTE LEKTION
DIE MENTALE HERAUSFORDERUNG – EIN ZEHN-TAGE-PROGRAMM

Wenn Sie sonst keine der Übungen in diesem Buch ausprobieren, dann machen Sie **WENIGSTENS DIESE HIER**! Ich nenne sie das Zehn-Tage-Programm. Diese Übung hat mein Leben von Grund auf verändert. **Sie ermöglichte es mir, meinen Geist zu kontrollieren, indem sie verhinderte, daß ich für längere Zeit in negativem Denken und ungesunden Grübeln versank.**

Sind Sie bereit? Hier sind die Spielregeln:

1. Weigern Sie sich während der nächsten zehn aufeinanderfolgenden Tage, sich irgendwelchen unproduktiven Gedanken oder Gefühlen hinzugeben. Verzichten Sie bewußt auf lähmende Fragen, Vokabeln und Metaphern.

2. Wenn Sie sich dabei ertappen, daß Sie sich auf Negatives zu konzentrieren beginnen – und das wird nicht ausbleiben – stellen Sie sich sofort konstruktive Fragen, um sich wieder in einen positiven emotionalen Zustand zu versetzen. Greifen Sie dabei als erstes auf die Problemlösungs-Fragen in diesem Buch zurück (auf Seite 70).

3. Stellen Sie sich morgens nach dem Aufwachen die Morgen-Power-Fragen (auf Seite 70). Abends vor dem Einschlafen stellen Sie sich die Abend-Power-Fragen (auf Seite 71). Das wird sich sehr segensreich auf Ihr Wohlbefinden auswirken.

4. Konzentrieren Sie sich während der nächsten zehn aufeinanderfolgenden Tage *ausschließlich* auf Lösungen, nicht auf Probleme.

Beginnen Sie diese Übung jetzt gleich. Die Werkzeuge aus diesem Buch helfen Ihnen dabei, während der nächsten zehn Tage keinerlei schädlichen, lähmenden Gedanken oder Gefühlen nachzuhängen.

5. Falls Sie sich bei einem destruktiven Gedanken oder Gefühl, beziehungsweise bei einer schädlichen Frage erwischen, quälen Sie sich nicht mit Selbstvorwürfen. Lenken Sie einfach sofort Ihre Aufmerksamkeit in eine positive Richtung. Sollten Sie aber länger als fünf Minuten an einem negativen Gedankengang kleben bleiben, *müssen Sie bis zum nächsten Morgen warten und dann das Zehn-Tage-Programm noch einmal von vorn beginnen.*

Das Ziel besteht darin, sich zehn *aufeinanderfolgende* Tage lang keinerlei negativen Gedanken hinzugeben. Jedesmal wenn Sie sich zu lange auf Negatives konzentrieren, müssen Sie noch einmal von vorn beginnen, ganz gleich, wieviele Tage Sie schon durchgehalten haben.

Die Wirkung dieses Ihren Geist herausfordernden Zehn-Tage-Programms ist erstaunlich. Wenn Sie es durchhalten, wird es in Ihrem Leben Wunder wirken. Hier sind ein paar seiner positiven Effekte:

1. Sie werden erkennen, welche Ihrer geistigen Angewohnheiten Ihrem persönlichen Fortschritt im Wege stehen.

2. Ihr Gehirn wird angeregt, nach positiven, hilfreichen Alternativen zu suchen.

3. Wenn Sie sehen, daß Sie Ihr Leben wirklich selbst in neue Bahnen lenken können, wird sich Ihr Selbstvertrauen dadurch enorm steigern.

4. Sie werden neue Gewohnheiten, neue Ansprüche und neue Erwartungen entwickeln, die Ihnen helfen, zu wachsen und Ihr Leben jeden Tag mehr zu genießen!

Willkommen in einer Welt des Mitgefühls

Als ich das Zehn-Tage-Programm zum erstenmal ausprobierte, hielt ich nur zwei Tage durch! Aber indem ich immer höhere Ansprüche an mich stellte und hartnäckig weitermachte, bis ich endlich Erfolg hatte, wurde das Zehn-Tage-Programm für mich zu einer Erfahrung, die mein ganzes Leben veränderte. Wenn Sie genügend Eifer an den Tag legen, wird es Ihnen die gleiche geistige Freiheit bescheren wie mir.

Und jetzt möchte ich Ihnen gerne noch eine andere Art von Herausforderung vorstellen ... eine besondere Einladung, sozusagen.

Am Anfang dieses Buches haben wir uns mit der Idee befaßt, daß einer der besten Wege, unsere eigenen Probleme zu lösen – uns selbst Glück zu schenken – darin besteht, jemandem zu helfen, dem es noch schlechter geht als uns. Wenn Menschen mir erzählen, wie schwer das Leben ist, wie unlösbar ihnen ihre Probleme erscheinen, dann versuche ich ihnen zu helfen, indem ich diese gewohnheitsmäßigen Gedankengänge unterbreche. Ich fordere sie auf: »*Vergessen* Sie für ein oder zwei Tage Ihre Probleme, suchen Sie sich jemanden, dem es noch viel schlechter geht als Ihnen und helfen Sie dieser Person dabei, sich ein klein wenig besser zu fühlen.« Mein Rat wird oft mit einem Blick quittiert, der zu sagen scheint: »*Niemand* hat noch größere Probleme als ich!« Aber natürlich trifft das nie zu. Wenn Sie Ihren Arbeitsplatz verloren haben, suchen Sie sich ein Ehepaar, das gerade ein Kind verloren hat. Wenn Sie Ihr Konto überzogen haben oder sich über eine entgangene Beförderung ärgern, dann helfen Sie jemandem, der obdachlos ist und in einer Toreinfahrt Schutz vor Regen und Kälte sucht. Denken Sie daran, wie gut es Ihnen im Grunde genommen geht.

Höchstwahrscheinlich gibt es eine Menge Menschen, die sich mit größeren Problemen herumschlagen müssen als dem, das Ihnen gerade zu schaffen macht. Wenn Sie anderen helfen, bewirkt das zwei Dinge:

1. Sie sehen Ihr eigenes Problem in einem ganz anderen Licht. Ihr eigene Last wird Ihnen möglicherweise leicht erscheinen im Vergleich zu dem, was andere durchmachen müssen. Und Sie werden aus erster Hand erleben, welchen bemerkenswerten Mut viele Menschen angesichts allergrößter Herausforderungen unter Beweis stellen. Sie werden erkennen, daß es immer einen Weg gibt, die Dinge zum Besseren zu wenden.

2. Selbst wenn Sie das Problem des anderen nicht »lösen« können, wenn Sie nicht mehr tun können, als Trost und Mitgefühl schenken, werden Sie dennoch lernen, daß man alles, was man aus offenem Herzen schenkt, zehnfach zurückerhält. Damit meine ich nicht, daß Sie einen Lohn für Ihre Bemühungen erhalten; vielmehr spreche ich von der Befriedigung eines der größten menschlichen Bedürfnisse: dem Wunsch, einen positiven Beitrag zu leisten. In-

dem Sie selbstlos anderen etwas geben, werden Sie die größte Form menschlicher Freude und Erfüllung erleben.

Wie können Sie also eine solche Erfahrung machen? Ist das schwierig? Keineswegs! Schenken Sie innerhalb der nächsten vierundzwanzig Stunden – oder wenigstens innerhalb einer Woche – jemand völlig Fremden ein »klein wenig« Hilfe, ein »klein wenig« Unterstützung. Sie können zum Beispiel morgen einen Blick in die Gelben Seiten werfen und ein Alters- oder Pflegeheim in Ihrer Nähe ausfindig machen. Wenn Sie von der Arbeit nach Hause fahren, können Sie, statt im Stau zu stehen, dort anhalten, an der Pforte vorsprechen und fragen, wer von den Heimbewohnern schon lange keinen Besuch mehr erhalten hat. Sagen Sie, daß Sie jemandem eine Freude machen möchten, der keine Familie mehr hat oder von seinen Angehörigen nicht besucht wird. Wie wäre es mit einem strahlenden Lächeln, wenn Sie das Zimmer betreten? Und wenn die Person, die Sie besuchen, sich genauso freut wie Sie, könnten Sie sie sogar liebevoll umarmen, oder nicht? Verbringen Sie dann einfach eine Stunde mit diesem Menschen, sprechen Sie mit ihm und, vor allem, hören Sie zu, finden Sie heraus, wie es ihm geht und was er zu erzählen hat. Was glauben Sie, was es für so eine einsame Seele bedeutet, wenn ein völlig Fremder sich die Mühe macht, sie zu besuchen und ihr ein wenig Gesellschaft zu leisten? Und noch besser: Was glauben Sie, was das bei Ihnen selbst bewirkt? Auf jeden Fall wird es Sie daran erinnern, worauf es im Leben wirklich ankommt und wer Sie wirklich sind. Die beiden edelsten und wichtigsten Bedürfnisse jedes Menschen werden dadurch befriedigt: eine Verbindung zu anderen herzustellen und einen positiven Beitrag in der Welt zu leisten. Es wird Sie verwandeln. Nehmen Sie sich also diese Zeit. Damit öffnen Sie sich für jenes Geschenk, das nur die empfangen, die selbstlos geben.

Nun, wo unsere gemeinsame Zeit sich dem Ende zuneigt, möchte ich Sie um einen persönlichen Gefallen bitten. Versprechen Sie mir, daß Sie immer gut auf sich achtgeben. Je wohler Sie sich selbst fühlen, desto mehr können Sie anderen Menschen geben. Und noch besser wäre es, wenn Sie nicht nur gut auf sich achtgeben, sondern darüberhinaus ein außergewöhnliches Leben führen – ein ganz gewöhnliches Leben, dem Sie dieses gewisse Etwas hinzufügen, eine besondere Dosis Hingabe, soziales Engagement und Liebe.

Und schreiben Sie mir bitte, wie Sie das, was Sie hier gelernt haben, dazu verwenden, Ihr eigenes Leben und das Leben Ihrer Mitmenschen zu verbessern. Ich freue mich darauf, Sie persönlich kennenzulernen. Bis dann ...

> *»Möge der Weg vor dir immer eben sein. Möge der Wind immer in deinem Rücken wehen. Möge die Sonne dein Gesicht wärmen, möge der Regen sanft auf deine Äcker fallen und möge, bis wir uns wiedersehen, Gott schützend seine Hand über dich halten.«*
> Alter irischer Segensspruch

Leben Sie wohl, und Gott segne Sie

Anthony Robbins

EPILOG

Weitere Informationen zu den hier vorgestellten Ideen finden Sie in Anthony Robbins' Bestseller *Das Robbins Power Prinzip – Wie Sie ihre wahren inneren Kräfte sofort einsetzen* (Heyne-Taschenbuch Nr. 9672).

Lesen Sie dort die folgenden Kapitel nach:

»Entscheidungen: Die Wegstrecke zur inneren Kraft«
»Glaubenssysteme: Schöpferische und zerstörerische innere Kräfte«
»Wie Sie erhalten, was Sie wirklich wollen«
»Fragen sind die Antwort«
»Das Vokabular des größtmöglichen Erfolges«
»Die Macht der Metaphern: Wie Sie Barrieren durchbrechen, Mauern niederreißen, eingefahrene Gleise verlassen und dem Erfolg leichtfüßig entgegeneilen«
»Die große Passion: Entwicklung einer unwiderstehlichen Zukunftsvision«
»Die mentale Herausforderung: Ein Zehn-Tage-Programm«

Wenn Sie sich näher darüber informieren möchten, wie Sie Ihre Ernährung verbessern und zusätzliche Energie gewinnen können, lesen Sie Kapitel 10 »Energie – der Treibstoff für besondere Leistungen« in Anthony Robbins' erstem Buch *Grenzenlose Energie* (Heyne-Taschenbuch Nr. 9626).

ÜBER DEN AUTOR

Anthony Robbins widmet sein Leben seit fast zwei Jahrzehnten der Aufgabe, Wege aufzuzeigen, wie wir alle die uns innewohnenden einzigartigen Kräfte und Fähigkeiten entdecken und entwickeln können. Er gilt in den USA als derzeit führender Experte auf dem Gebiet des Erfolgs-Coaching, bei dem Menschen mit Hilfe wissenschaftlicher Methoden zu Spitzenleistungen motiviert werden. Er ist Gründer und Präsident der Anthony Robbins Companies, die Menschen dabei helfen sollen, ihre persönlichen und beruflichen Herausforderungen zu meistern.

Robbins' Dienste als Coach für Spitzenleistungen werden von Unternehmen wie IBM, AT&T, American Express und McDonnell-Douglas in Anspruch genommen. Er hat die Armee der Vereinigten Staaten und professionelle Sport-Teams beraten, darunter die Los Angeles Dodgers, die Los Angeles Kings und das America^3 America's Cup Team, außerdem arbeitete er mit Athleten, die bei den Olympischen Spielen Goldmedaillen gewannen. Robbins arbeitet als ständiger Coach und Ratgeber für eine Reihe prominenter Persönlichkeiten und ist leitender Berater für die Regeneration von Sheffield, Englands viertgrößter Stadt.

Robbins' besondere Leidenschaft gilt dem Bemühen, die Welt zu einem freundlicheren Ort zu machen, indem er möglichst vielen Menschen hilft, ihr Schicksal selbst in die Hand zu nehmen, so daß sie fähig werden, die Beziehungen zu ihren Familienangehörigen und Freunden zu verbessern, ihre selbstgesteckten Ziele zu erreichen, sich von emotionalen und finanziellen Problemen zu befreien und einen positiven Beitrag für ihr Land zu leisten. Seit vielen Jahren setzt sich Robbins selbstlos für Menschen in Not ein, und 1991 gründete er eine gemeinnützige Stiftung, deren Aufgabe darin besteht, benachteiligte Kinder, Obdachlose, alte Menschen und Gefängnisinsassen zu unterstützen.

Mr. Robbins ist sechsunddreißig Jahre alt und lebt mit seiner Frau und seinen Kindern in Del Mar, Kalifornien.

ÜBER DIE ANTHONY ROBBINS STIFTUNG

Die Anthony Robbins Stiftung ist eine gemeinnützige Organisation mit dem Zweck, Obdachlose, benachteiligte Kinder, alte Menschen und Gefängnisinsassen dauerhaft zu unterstützen. Diese wichtigen Mitglieder unserer Gesellschaft erhalten von den Mitarbeitern der Stiftung qualitativ hochwertige Hilfsangebote im Bereich Erziehung, Ausbildung und Persönlichkeitsentwicklung.

Die Verwirklichung einer Vision

Die Stiftung bedeutet für Anthony Robbins die Verwirklichung eines lebenslangen Traumes. Robbins, ein sich seit seinem achtzehnten Lebensjahr aktiv sozial engagierender Philantrop, hat intensiv mit der Heilsarmee in den New Yorker Stadtteilen South Bronx und Brooklyn gearbeitet, sowie mit Obdachlosen auf Hawaii und in und um San Diego. (Robbins finanziert außerdem aus eigenen Mitteln das jährliche Lebensmittel-Budget einer sozialen Hilfsorganisation im North County von San Diego.)

Das Begabtenförderprogramm »Champions of Excellence«

Als Robbins 1991 eine Schule in Houston, Texas, besuchte, war er so angetan von den Schülern und Lehrern dort, daß er ihnen ein einzigartiges Versprechen gab: Er erklärte sich bereit, die Collegegebühren für alle dortigen High-School-Absolventen (Abschlußjahrgang 1999) zu bezahlen, die einen bestimmten jährlichen Notendurchschnitt schaffen, bis zu ihrem College-Abschluß im Durchschnitt 43 Stunden pro Jahr ehrenamtliche Sozialarbeit leisten und außerdem noch andere schulische und persönliche Leistungskriterien erfüllen. So sind diese Kinder, die von Robbins unterstützt werden, ihrerseits zu Helfern geworden, die anderen Schülern kostenlos Nachhilfeunterricht geben, in Pflegeheimen Freiwilligenarbeit leisten, sich an Sammelaktionen für Bedürftige und vielen anderen sozialen Aktivitäten beteiligen.

Die »Korb-Brigade« am Thanksgiving-Fest

Als Tribut an jenen besonderen amerikanischen Brauch, am Erntedankfest Bedürftige zu beschenken, hat Robbins zusammen mit seiner Familie und Freunden jedes Jahr an diesem Feiertag Lebensmittel und andere Dinge des täglichen Bedarfs an Menschen in Not verteilt. Nach der Gründung der Anthony Robbins Stiftung gelang es ihm, aus dieser persönlichen Tradition eine landesweit durchgeführte Hilfsaktion zu machen, die den Namen »Thanksgiving-Korb-Brigade« trägt. Ein Netzwerk aus Freiwilligen verteilt dabei alljährlich am Erntedankfest Lebensmittel, Kleidung und andere Hilfsgüter, allein 1993 an über 100000 Familien in mehr als 400 Städten in den USA und Kanada.

Die Herausforderung

Das Leben ist ein Geschenk. Jeder von uns, der dazu in der Lage ist, sollte etwas davon zurückgeben, einen positiven Beitrag leisten. Ihr persönliches Engagement kann viel bewirken. Bitte schließen Sie sich uns an und verhelfen Sie Menschen, denen es schlechter geht als Ihnen, zu neuer Lebensfreude.

Mit den oben genannten und anderen Programmen bemüht sich die Stiftung, gemäß ihrer Charta bedürftigen Menschen zu helfen. Wenn Sie weitere Informationen wünschen, schreiben Sie an folgende Adresse:

ANTHONY ROBBINS FOUNDATION
9191 Towne Centre Dr.
Suite 600
San Diego, CA 92122

DIE ANTONY ROBBINS COMPANYS

Die Anthony Robbins Companies (ARC) widmen sich der Aufgabe, die Lebensqualität von Einzelpersonen und Organisationen zu verbessern. ARC bietet effektive Techniken für Gefühls- und Verhaltensmanagement an, mit deren Hilfe Menschen lernen, ihre grenzenlosen persönlichen Entscheidungsmöglichkeiten zu erkennen und zu nutzen.

Nachstehend finden Sie eine Auswahl aus den überaus nützlichen Dienstleistungen, die ARC Ihnen oder Ihrer Organisation anbieten kann.

Robbins Research International, Inc.

Dieser Forschungs- und Marketing-Zweig von Anthony Robbins' Beratungs- und Entwicklungsgesellschaften veranstaltet auf der ganzen Welt Seminare, öffentlich oder exklusiv für einzelne Firmen. Die Seminarthemen reichen vom Erbringen von Spitzenleistungen und dem Erlangen finanziellen Erfolges zu erfolgreicher Verhandlungsführung und unternehmensinterner Effizienzsteigerung.

Zu den beliebtesten Schulungsveranstaltungen von RRI gehört die ganzjährige Robbins' Mastery University. In ihrem Rahmen wird, an ausgesucht exklusiven Veranstaltungsorten auf der ganzen Welt, in dreiteiligen Seminaren Führungswissen für das einundzwanzigste Jahrhundert vermittelt, wobei es sich bei den Vortragenden um Persönlichkeiten von außerordentlicher Qualifikation handelt. So wurden im Rahmen der Mastery University Seminare mit General Norman Schwarzkopf zum Thema Führungsqualität, mit Dr. Deepak Chopra zum Thema Gesundheit und Geist, und mit Peter Lynch und Sir John Templeton zum Thema Finanzen durchgeführt. Bislang haben Teilnehmer aus zweiundvierzig Nationen die Veranstaltungen der Universität besucht.

Anthony Robbins & Associates

Dieses Franchise- und Verteilungsnetzwerk vermittelt weltweit multimediale Seminare an örtliche Gruppen und Unternehmen.

Wenn Sie Franchise-Nehmer bei Anthony Robbins & Associates werden, eröffnet sich Ihnen die Möglichkeit, in Ihrer Stadt oder Gemeinde eine Quelle für positive Impulse und menschliches Wachstum zu sein. Anthony Robbins & Associates liefert seinen Franchise-Nehmern ein solides Training, ein leistungsfähiges Marketing-Konzept und fortlaufende Unterstützung, so daß sich geschäftlicher Erfolg und ein echter Beitrag zum Allgemeinwohl miteinander verbinden lassen.

Robbins Success Systems™

Robbins Success Systems (RSS) bietet Unternehmen modernste Schulungsprogramme im Bereich Management-Systeme, Kommunikation und Teamwork an. Das RSS-Team kombiniert gründliche, den Schulungen vorangehende Diagnostik, ein für den einzelnen Kunden maßgeschneidertes Programm, eine sich an die Schulungen anschließende Auswertung und Anschlußprogramme. RSS kann Ihnen für Ihre Bedürfnisse maßgeschneiderte Trainingsprogramme anbieten und so als Katalysator für ständige, kontinuierliche Verbesserungen der Lebensqualität innerhalb Ihres Unternehmens dienen.

Fortune Practice Management

Dieser professionelle Management-Service für die Arztpraxis unterstützt Mediziner, indem er ihnen effiziente Strategien und Unerstützung für die qualitativ hochwertige und erfolgreiche Führung der eigenen Praxis anbietet. Fortune Practice Management hat sich der Aufgabe verschrieben, die Qualität der Gesundheitsversorgung und die Lebensqualität der im Gesundheitswesen Tätigen zu optimieren.

Tony Robbins Productions

Dieses Unternehmen für Fernsehproduktionen befaßt sich mit der Herstellung von Infomercials für Direktmarketing in höchster Qualität. TRP hat als Coproduzent an der Herstellung von vier der erfolgreichsten Infomercials mitgewirkt, die je ausgestrahlt wurden. TRP hat sich darauf spezialisiert, auf der Grundlage sorgfältiger Marktanalysen Produkte und Werbesendungen zu entwickeln, die gezielt auf die Bedürfnisse spezieller Zuschauergruppen zugeschnitten sind.

Namale Plantation Resort

Seit vielen Jahren erholt sich die Familie Robbins auf den unbeschreiblich schönen Fidschi-Inseln, wo Glücklichsein für die Menschen der höchste Wert ist. Jetzt können auch Sie die private Oase der Robbins' besuchen – 490 Hektar tropisches Inselparadies mit ursprünglichen Stränden, prächtigen Korallenriffen, Felsen und Wasserfällen. Sie können dort schnorcheln, tauchen, Wasserski fahren, am Strand liegen, reiten, Tennis, Basketball und

Volleyball spielen. Oder ein erfrischendes Bad unter einem kühlen Wasserfall nehmen. Lernen Sie die Musik und die warmherzige Gastfreundschaft der Fidschi-Insulaner kennen.

Es können stets nur zwanzig Gäste gleichzeitig diese wunderbare, private Oase tropischer Ruhe genießen. Nach einem Aufenthalt in Namale werden Sie die Welt – oder sich selbst – mit völlig anderen Augen sehen. Wenn Sie Namale Plantation Resort besuchen möchten, erhalten Sie weitere Informationen unter der Telefonnummer 00 679 850 435 oder in Ihrem örtlichen Reisebüro.

Wirksames Management für eine neue Zeit

Fredmund Malik, Bestseller-Autor und Top-Management-Berater von internationalem Ruf, verrät die Quintessenz seiner 25-jährigen Erfahrung.

»Wer sein Führungsverhalten und sein Führungssystem selbstkritisch überdenken will, kann keine anregendere Lektüre finden.«
Manager Magazin

Fredmund Malik
Führen Leisten Leben
22/1078

HEYNE-TASCHENBÜCHER

Mark H. McCormack

Erfolgsstrategien aus der Unternehmenswelt

Die Schule des Verkaufens
22/2063

Die Schule der Kommunikation
22/2065

Die Schule des Verhandelns
22/2070

Die Schule des Managements
22/2071

22/2071

HEYNE-TASCHENBÜCHER

Spannend wie ein Krimi

Firmenporträts in der Heyne Business-Reihe

Gerd Meissner
SAP – die heimliche Software-Macht
Wie ein mittelständisches Unternehmen den Weltmarkt eroberte
22/1055

Tim Jackson
Inside Intel
Die Geschichte des erfolgreichsten Chip-Produzenten der Welt
22/1062

Dieter Brandes
Konsequent einfach
Die ALDI-Erfolgsstory
22/1070

Bob Ortega
Wal-Mart – Der Gigant der Supermärkte
Die Erfolgsstory von Sam Walton und dem größten Handelskonzern der Welt
19/762

Franz Kottender/Martin Bauer
Das Who is Who der internationalen Großkonzerne
Die 100 größten Unternehmen der Welt
19/717

19/717

HEYNE-TASCHENBÜCHER